敬語表現教育の方法

蒲谷 宏
川口 義一
坂本 惠
清 ルミ
内海 美也子

大修館書店

はじめに

　この本は，「敬語表現教育」というものをどのように考え，どのように実践していけばよいのか，その「方法」について述べたものです。「日本語教育」を中心に扱ってはいますが，日本語が母語であるかないかにかかわらず，「日本語」を教え，学ぶ人すべてに関係する課題を対象にしています。

　書名では「敬語表現教育」としましたが，本書で問題にしたいことは，「敬語」や「敬語表現」だけではなく，それらよりも広い概念である「待遇表現」の教育について考えることであり，さらには「待遇コミュニケーション」という観点による教育・学習なのです。「待遇コミュニケーション」というのは，「待遇表現」と「待遇理解」とを併せ考えていこうとする枠組みであり，「主体」の「コミュニケーション行為」を，「場面」──「人間関係」と「場」──に焦点を絞って扱っていこうとする考え方のことです。「待遇コミュニケーション」の範囲は，もちろん言語だけには止まりません。現段階では，すべてを「待遇コミュニケーション教育」としてまとめられる段階には至っていませんが，「敬語表現教育」も常にそうした方向性を持ったものであることは，強調しておきたいと思います。

　各章の執筆担当者は次のとおりです。
第Ⅰ章　「敬語表現」と「敬語表現教育」（蒲谷　宏）
第Ⅱ章　「気づき誘導」を求めて──社会人・大学生に必要な待遇表現
　　　　教育を模索する（清　ルミ）

第Ⅲ章　ビジネス場面に対応する敬語表現——習得を促すアプローチの方法（内海美也子）
第Ⅳ章　初級からの敬語表現教育（川口義一）
第Ⅴ章　「敬語表現教育」における「誤解」をどのように考えるか
（坂本　惠）

　第Ⅰ章においては，「敬語表現教育」を考えるための基本的な枠組みを中心に，「待遇表現教育」さらには「待遇コミュニケーション教育」へと展開させていくための前提となる考え方について整理し，主に大学での「日本語教育」における具体的な実践から導かれた教育・学習上の留意点などをまとめています。
　第Ⅱ章においては，「待遇表現教育は人への配慮の示し方を探る教育である」という観点から，形式を乗り越え，非言語も含めた「コミュニケーション教育」としての「敬語表現教育」と捉える重要性について説いています。日本語の母語話者・非母語話者ともに必要な情報，具体的な実践例が述べられています。
　第Ⅲ章においては，ビジネス関係者を対象とした様々な実践から導かれた方法について，豊富な具体例により示しています。様々な事例の背景となっているのは，ビジネス場面にいる「学習者」自身が発見すること，「場面」を重視してコミュニケーションを行うことが重要である，という普遍性の高い考え方です。
　第Ⅳ章においては，敬語表現指導上の４つの理念——あくまでも「表現」の指導であること，指導項目が適切に「文脈化」されていること，提示された文脈が「自然」なものであること，表現が適切に「精緻化」されていること——に基づき，日本語教育の「初級段階」における様々な実践例が述べられています。
　第Ⅴ章においては，「敬語」や「敬語表現」，「敬語表現教育」に関してつきまとう様々な「誤解」を取り上げ，日本語の学習者・教師・母語

話者らが持つ,「封建的」「必要悪」「正しい敬語」などの先入観や偏見をどう乗り越えていけばよいかという方法について,「丁寧」「失礼」などの概念とともに示しています。

なお,各章・各節において特に重要だと考えられる点については,適宜「ポイント」としてまとめてあります。要点確認のために,ぜひご参照,ご活用ください。

教育・学習においては,常に「理論と実践という両輪」の重要性が説かれます。しかし,それを真に実現することは極めて難しい課題でしょう。本書は,その実現に向けて踏み出そうとした具体的な第一歩だと考えています。「日本語教育」に携わる方々,そして「敬語表現」に関心を持つすべての方々に読んでいただけることを願っています。

ところで,この本の完成に向けては,大きな2つの流れがありました。一つは,1998年に刊行された『敬語表現』からの流れ,もう一つは2001年春に行われた日本語教育学会(於東京女子大学)での「シンポジウム」からの流れです。前者は,『敬語表現』のあとがきで述べた,〈「敬語表現」の教育・学習に関する指導のより詳しい方法論の出版を企画している〉というところに端を発しています。それから8年の歳月が流れてしまいましたが,ようやくその約束を果たすことができました。後者は,その関連になりますが,当時,学会の大会委員であった蒲谷が担当した企画として,「敬語教育」に関するシンポジウムを行いました。そこで,敬語や敬語表現の教育をどう考え,実践するのかという問題提起をしたのですが,それを一冊の本としてまとめておきたいということからの流れです。そこからもすでに5年が過ぎてしまいましたが,その後の教育・学習に関する研究成果を取り込みながら,シンポジウムでの段階より進展させたものとして,ここに2つの流れが合流したというわけです。

『敬語表現』で述べたもう一つの約束として，実際の「敬語表現」能力を高めるための指導書の企画，出版がありますが，それについても具体化したいと考えています。

　最後になりましたが，大修館書店編集部の黒崎昌行氏，向井みちよ氏には大変お世話になりました。心から御礼申し上げます。

　2006 年 5 月

蒲谷　宏・川口義一・坂本　惠
清　ルミ・内海美也子

目次

はじめに ──────────────────── i

第Ⅰ章 「敬語表現」と「敬語表現教育」

1. 「敬語表現」という捉え方 ──────────── 3
    1.1 「待遇表現」としての「敬語表現」 ────── 3
    　　「敬語」と「敬語表現」/「敬語教育」と「敬語表現教育」
    1.2 「待遇コミュニケーション」「敬語コミュニケーション」として
    　　の「敬語表現」──────────────── 6
    1.3 「主体」──────────────────── 7
    1.4 「人間関係」と「場」──「場面」────── 9
    1.5 「意図」────────────────── 10
    1.6 「文話」──文章・談話 ─────────── 11
2. 「敬語表現教育」のあり方 ─────────── 12
    2.1 「待遇コミュニケーション教育」としての「敬語表現教育」
    　　 ────────────────────── 12
    2.2 「人間関係」をどう扱うか ─────────── 15
    　　「相手レベル」と「コトバレベル」/「話題の人物レベル」/「レベル
    　　化」における留意点
    2.3 「場」をどう扱うか ──────────── 21
    2.4 「意図」をどう扱うか ──────────── 22
    2.5 「文話」単位でどう扱うか ─────────── 23
    2.6 「敬語」をどう扱うか ──────────── 24
3. 「敬語表現教育」の実践方法 ────────── 29

3.1 「自分」のことを表現するための実践方法 ················ 29
　自己紹介／インタビュー／ご挨拶・スピーチ／面接／記者会見／トーク番組／口頭発表／発表会／話し合い・討論会
3.2 「行動展開表現」の実践方法 ······························· 34
　依頼表現／誘い表現／申し出表現／勧め・アドバイス表現／許可求め表現／許可与え表現／断り表現
3.3 「媒体」ごとの実践方法 ······································ 41
　電話／メモ書き／手紙／Eメール
3.4 プロジェクトワーク・コミュニケーション活動型授業の実践方法 ··· 43
4. まとめ ··· 45

第II章 「気づき誘導」を求めて —— 社会人・大学生に必要な待遇表現教育を模索する

1. 配慮の示し方を探ること＝待遇表現教育 ······················ 47
　1.1 高感度レーダーをつくる ···································· 47
　1.2 非言語コミュニケーションの重要性 ······················ 49
2. 今までの敬語表現教育の問題点 ································· 50
　2.1 日本人の問題点 ·· 50
　　身にならない知識教育／敬語は「尊敬を表す」表現か？／偏向した敬語指導がもたらす結果
　2.2 外国人の問題点 ·· 55
　　遅すぎる導入時期／皮相的な教科書の扱い／軽視されがちな配慮表現
3. 指導実践例 ··· 63
　3.1 日本言語文化，日本人の発想ガイダンス ················ 64
　　外国語としての日本語理解／日本語・日本人への誤解回避
　3.2 理解優先の待遇表現教育 ···································· 66

接客表現リスニング／メディアで待遇表現ウォッチング
　　3.3　気づきを誘導する発話指導 ･････････････････････････････････ 69
　　　手紙の内容を伝える／ロールカードを作成させ，演じ合う／漫画『島耕作』を使ったモノローグ練習／ビジネス日本語ワークショップ／三者間の伝達ロールプレイ／人間関係維持のためのクッション用語獲得
　4．今後の待遇表現教育のための課題 ････････････････････････････ 77

第Ⅲ章　ビジネス場面に対応する敬語表現
── 習得を促すアプローチの方法

1．ビジネスパーソンの「敬語」認識 ･･･････････････････････････････ 78
2．アプローチの基本方針 ･･ 79
　2.1　学習者が既に持っている待遇表現の力を，日本語で発揮させること ･･･ 79
　2.2　受信を先行させた授業の組み立て ････････････････････････････ 80
　2.3　学習者の不利益や失敗の回避 ････････････････････････････････ 80
3．アプローチの方法 ･･･ 81
　3.1　会話の観察：こんなとき⇔こう言っている ･･････････････････ 82
　3.2　場面依存度の高い表現の導入：こんなとき⇒こう言う(1) ･･ 83
　3.3　想定場面練習：こんなとき⇒こう言う(2) ･･･････････････････ 84
4．達成目標の設定 ･･･ 85
5．アプローチの例 ･･･ 86
　5.1　「会話の観察：こんなとき⇔こう言っている」の例 ･･･････ 87
　　　教科書の会話の観察／ネット・カンファレンスの聞き取り
　5.2　「場面依存度の高い表現の導入：こんなとき⇒こう言う(1)」を中心にした例 ･･ 91
　　　見学コースの予約／電話の取り次ぎ／見舞いや賞賛を述べる／プレ

ゼンテーション(プレゼンテーション用ソフトを利用して)／講演会の司会／報道発表を確認するインタビュー
 5.3 「想定場面練習：こんなとき⇒こう言う(2)」の例 *100*
  施設利用の手配／社内会議での報告／企業訪問インタビュー／就職面接試験の準備／面会依頼の交渉
6. 教師に求められること *106*

第Ⅳ章　初級からの敬語表現教育

1. 問題意識 *108*
2. 敬語表現指導のポイント *109*
3. 初級レベルにおける指導実践例 *112*
 3.1 チャンピオンのスピーチ *113*
 3.2 スキット会話 *118*
 3.3 出席ゲーム *124*
 3.4 プロジェクトワーク *128*
  クラス・パーティー／インタビュー調査／調査報告発表会
4. まとめと今後の課題 *135*

第Ⅴ章　「敬語表現教育」における「誤解」をどのように考えるか

1.「敬語」「敬語表現」に関する誤解 *143*
2.「敬語」の捉え方・考え方 *144*
 2.1「敬語」をどう捉えているか *144*
  「敬語」は封建的なものである？／「敬語」は「必要悪」である？／「敬語」は日本独自の文化である？／正しい「敬語」を使わなくてはいけない？
 2.2「敬語」をどう捉えればよいか *147*

「敬語」体系の特色／「敬語」は「必要悪」とは言えない／「敬語」を含む「待遇」のシステムは特殊ではない／「敬語」の「正しい」使い方があるわけではない

3. 「敬語」「敬語表現」に関する問題点 ………………………… *153*
　3.1 「敬語」に関する問題点 ………………………………… *153*
　　　「尊敬語」「謙譲語」は適切な用語か／「敬語」は3分類でよいか
　3.2 「コトバレベル」の問題 ………………………………… *156*
　　　「コトバレベル」に関する誤解／「コトバレベル」の大切さ
　3.3 「丁寧」の問題 …………………………………………… *158*
　　　「丁寧」であればよいのか／「丁寧さ」のあり方
　3.4 「失礼」の問題 …………………………………………… *161*
　　　他の文化にもある「失礼」の考え方／日本語の「失礼」の概念／「ぞんざい」の捉え方

4. 「母語話者」「非母語話者」の「敬語」の使い方 …………… *164*
　4.1 「母語話者」は「敬語」をどう使うか ………………… *164*
　4.2 「非母語話者」は「敬語」をどう使うか ……………… *166*
　　　学習者・教師の考え方／「敬語表現教育」は避けて通れない／「おすすめ表現」／「敬語」に関する判断・使い分けの必要性

5. 「敬語」「敬語表現」をどう教えるか ………………………… *171*
　5.1 「初級」で何を教えるか ………………………………… *171*
　5.2 「中級」「上級」で何を教えるか ………………………… *172*
　　　「中級」「上級」での練習／「機能会話」の練習／「文体」の問題

6. これからの日本語教育のために ……………………………… *177*

　注 ………………………………… *179*
　参考文献 ………………………… *183*
　ポイント一覧 …………………… *186*
　索引 ……………………………… *193*

敬語表現教育の方法

第Ⅰ章

「敬語表現」と「敬語表現教育」

1. 「敬語表現」という捉え方

　本書では，「敬語」「敬語教育」ではなく，「敬語表現」「敬語表現教育」という用語を使っています。そこでまず，〈敬語表現という捉え方〉，〈敬語表現という用語に込められた考え方〉について，述べておきたいと思います。

1.1 「待遇表現」としての「敬語表現」

1.1.1 「敬語」と「敬語表現」

　「敬語」というのは，一般的に馴染みのある言葉でしょう。例えば，「いらっしゃる」や「申し上げる」が「敬語」であることはもちろん，前者が「尊敬語」，後者が「謙譲語」であるというのも，かなり多くの人に浸透している知識だと言えます。

　日本語の大きな特色の一つとして「敬語」が採り上げられることも多く，日本語の教師や学習者には，〈日本語を本当に習得するためには敬語は欠かすことのできないものだ〉という認識も強いのだろうと思います。その反面，〈敬語などなくてもコミュニケーションは立派にできる，いやむしろ，敬語など使わないほうがよいコミュニケーションになるのだ〉といった意見もよく耳にします。どうやら，敬語は，奉られたり，貶められたりしやすいもののようです。

しかし，敬語は必要なのか，あるいは必要ではないのか，といった議論をして「敬語」そのものの可否を問うことには，まったく意味がありません。ここで考えておかなければならないのは，〈どういうときに敬語が必要で，どういうときに敬語は必要ないのか〉ということです。当然のことながら，敬語は常に必要なものでも，常に不要なものでもないということです。

　しかし，「いらっしゃる」や「申し上げる」などの，言葉としての敬語をいくら眺めていても，そのことはわかりません。そこで，先の問いかけを次のように改めてみます。

　〈どういうときに敬語を使う必要があるのか，どういうときに敬語を使う必要がないのか。〉

　ここで重要な点は，〈どういうとき〉ということです。これも，もう少し厳密に考えてみましょう。どういうとき，というのは，もちろん時間だけの問題ではなく，そのときの状況全体を問題にしています。つまり，〈だれが，だれに，どういう時に，どういう所で，どういう状況で表現するときに，敬語を使う必要があるのか，あるいは，敬語を使う必要がないのか〉ということになるわけです。例えば，会社の取引先の相手に対して改まった会議の席では，「いらっしゃいます」などという敬語を使う必要があり，親しい友人に対してくつろいだ居酒屋で飲んでいるときには，「いらっしゃいます」などという敬語を使う必要はないということです。

　もちろん，日本語の母語話者に対しては，こうしたことは説明するまでもない「あたりまえのこと」だとも言えるのですが，同時に，こうした一般的な事実を安易に常識だと決めつけることはできない点にも留意する必要があります。状況によっては，取引先の相手であっても，「行くの？」などと敬語を使わない人もいれば，親しい友人に対しても，「いらっしゃいますか？」などと敬語を使う人もいるからです。したがって，ある程度の一般性は認めた上で，〈実際に敬語が必要か必要でないかを決めるのは，あくまでもその表現をする個人である〉という点は，押さえておく必要があるでしょう。

要するに、ここで述べておきたいことは、〈敬語が必要かどうかではなく、どういうときに敬語を使って表現する必要があるのか〉ということです。それを言い換えれば、〈敬語自体が問題なのではなく、敬語表現が問題なのだ〉ということになるわけです。

1.1.2 「敬語教育」と「敬語表現教育」

　〈だれが、だれに、だれのことを〉といった事柄を「人間関係」と呼び、〈どういう時に、どういう所で、どういう状況で〉といった事柄を「場」という用語で呼ぶことにすると、「敬語表現」は、敬語を「人間関係」や「場」とともに考えていくための用語であるということになります。こうした「人間関係」や「場」を含めて考えると、当然、敬語だけではなく、「行く」や「言う」といった通常の言葉や、「行きやがる」「ほざく」などといった軽卑語なども絡めて見ていく必要が出てきます。そうした広い範囲で表現を扱っていこうとするための用語が、「待遇表現」という用語です。「敬語表現」も「待遇表現」の一つと捉えることで、その実態も本質も捉えられるようになるわけです。

　このことは、敬語の教育においても同様に言えることです。敬語教育というのは、敬語である「いらっしゃる」や「申し上げる」を教えることだ、とだけ考えていたのでは、実際の表現、コミュニケーションにつながる教育/学習にはなりません。「いらっしゃる」や「申し上げる」という敬語を、〈だれが、だれに、だれのことを、どういう時に、どういう所で、どういう状況で使われるのか〉という点から明らかにした上で、教育/学習につなげていく必要があると言えるでしょう。これも言い換えれば、〈敬語教育が問題なのではなく、敬語表現教育が問題なのである〉ということになるわけです。

ポイント

・「敬語表現」は、「人間関係」や「場」に配慮した表現の使い分け

およびその表現のことである「待遇表現」の一種である。「敬語表現」もこうした観点により位置づけ，扱っていく必要がある。敬語が問題なのではなく，敬語表現が問題なのである。
・敬語教育は，敬語を「いらっしゃる」や「申し上げる」といった言葉としてではなく，表現として考えることが大切である。敬語の教育が問題なのではなく，敬語表現の教育が問題なのである。

●「待遇表現」としての「敬語表現」●

1.2 「待遇コミュニケーション」「敬語コミュニケーション」としての「敬語表現」

　1.1では，「敬語」だけではなく，「待遇表現」としての「敬語表現」が重要であることを述べてきましたが，さらに言えば，表現だけの問題ではなく，理解のことも考慮する必要があります。そしてそれは，自分の表現・理解だけではなく，相手の表現・理解も問題にすることであり，相互のコミュニケーションを考えていこうとすることにつながっていくわけです。そのような立場から提唱されたのが，「待遇コミュニケーション」という考え方です。

　つまり，「待遇コミュニケーション」は，「待遇表現」と「待遇理解」との総称ということになります。「待遇理解」というのは，あまり馴染みのない用語ですが，聞き手や読み手が，「人間関係」や「場」に配慮しつつ「理解する行為」を捉えようとするものです。例えば，自分は，相手から「いらっしゃいますか？」という表現で待遇されているのだと「理解」することを意味します。

　「待遇コミュニケーション」の中で，特に敬語に関係するものを「敬語コミュニケーション」と呼ぶことにします。

　「待遇コミュニケーション」における「敬語コミュニケーション」を考えるときにも，〈だれが，だれに，だれのことを，どういう時に，どういう所で，どういう状況でコミュニケーションするのか〉ということが重要

になります。そして、「コミュニケーション」が表現・理解、相互の「やりとり」と「くりかえし」によって成立することからすれば、「敬語コミュニケーション」にもそうした観点は大切なものとなります。

「待遇コミュニケーション」「敬語コミュニケーション」という考え方の重要性は、多くの教師や学習者が気づいていることでしょう。しかし、そうした考え方に基づいて行われる「敬語教育」や「敬語表現教育」の実践は、まだ緒についたばかりであり、本書でも「待遇コミュニケーション教育」のすべてを明らかにすることはできません。そこで、まずはその第一段階として、「敬語」だけではなく、「待遇表現」としての「敬語表現」を扱い、それはさらに「待遇コミュニケーション」「敬語コミュニケーション」としての「敬語表現」を扱おうとしているのだ、ということを前提とした上で、「敬語教育」「敬語表現教育」を考えていくことにしたいと思います。

┌─ ポイント ──────────────────────
│
│ ・「待遇コミュニケーション」(「待遇表現」と「待遇理解」との総称)
│   の中で、敬語に関係するものを「敬語コミュニケーション」と呼ぶ。
│ ・「敬語コミュニケーション」としての「敬語表現」も、表現と理解
│   の「やりとり」と「くりかえし」において成立する。それは、「敬
│   語表現教育」を考えるときにも重要な観点となる。
│ ●「待遇コミュニケーション」「敬語コミュニケーション」としての「敬語表現」●
│
└────────────────────────────

1.3 「主体」

ここでは、「主体」という用語について述べておきます。ただし、用語の厳密な規定を問題にするというのではなく、その用語の表す中身について考えていきたいと思います。

「待遇コミュニケーション」「敬語コミュニケーション」としての「敬

表現」を考えていくときには、〈だれが〉コミュニケーションをするのか、ということが最も重要になります。すべては、その〈だれ〉によって、すなわち、そのコミュニケーションの〈主体〉の認識によって決まってくるからです。

そのコミュニケーションを行う主体のことを、「コミュニケーション主体」と名づけることにします。言語によるコミュニケーションが行われているときには、「コミュニケーション主体」は「言語主体」であるということになります。コミュニケーションを考えるときには、必ずしも言語の問題だけに限りませんので、「コミュニケーション主体」と「言語主体」とは区別して考えておいたほうがよいのですが、実際には同じ人物のことを「コミュニケーション主体」と呼んだり、「言語主体」と呼んだりすることが多いと言えるでしょう。

「表現主体」は、「コミュニケーション主体」が「表現」をするときの呼び方、「理解主体」は、「コミュニケーション主体」が「理解」をするときの呼び方になります。言語による「表現主体」は「話し手」「書き手」、言語による「理解主体」は「聞き手」「読み手」のことになり、その総称が「言語主体」となるわけです。

さらに詳しく区別すれば、話し手と聞き手は、「音声コミュニケーション主体」、書き手と読み手は、「文字コミュニケーション主体」、であり、話し手は「音声表現主体」、聞き手は「音声理解主体」、書き手は「文字表現主体」、読み手は「文字理解主体」となります。ただし、こうした名称そのものが重要なのではなく、その名称によって表されるそれぞれの意味するところが重要であることは言うまでもありません。

> ポイント
> ・コミュニケーション・言語を扱うときには、その「主体」を考えることが最も重要である。「主体」には、「コミュニケーション主体」「言語主体」（「表現主体」「理解主体」）がある。

●「主体」●

1.4 「人間関係」と「場」——「場面」

　「敬語表現」を考えていくときに，まず重要な枠組みとして「人間関係」があります。

　「人間関係」には，「自分」と「相手」，そして「話題の人物」との関係があります。「自分」とは，「主体」が捉えた自分自身，「相手」とは，「主体」が捉えた自らの表現・理解の対象となる人物，「話題の人物」とは，その表現・理解の中に登場してくる人物のことです。

　同じく，重要な枠組みとして，「場」があります。「場」というのは，もちろん場所だけの意味ではありません。やや難しく言えば，「表現主体」が認識する，その表現が行われる時間的・空間的な位置のことになります。状況や雰囲気，文脈などといったことも，「場」に含まれることになります。1.1.2で述べたように，〈どういう時に，どういう所で，どういう状況で〉という捉え方です。

　「人間関係」と「場」は，「敬語表現」を考える際に最も重要な点になりますが，「場面」という用語で，この両者を総称することにします。「表現主体」「理解主体」が「場面」をどのように認識しているのかによって，「敬語コミュニケーション」「敬語表現」のあり方も決まってきます。

　厳密に言えば，「場面」というのは，客観的な人間関係や状況のことではなく，あくまでも個々の「主体」が認識した人間関係や状況などを意味します。ただし，教育/学習においては，個々の主体の認識自体というより，ある程度の一般性を持った「場面」を問題にする必要があるでしょう。「授業中における教師と学生のコミュニケーション」「職場における課長と課員とのコミュニケーション」などというような「場面」を設定したときにも，まずは何らかの一般性を考えていくことになるわけです。その上で，個々の「主体」，個々の「場面」に戻していくことが大切でしょう。

> **ポイント**
> ・「敬語コミュニケーション」「敬語表現」を考える際に、「場面」（「人間関係」と「場」の総称）は最も重要なものとなる。
>
> ●「人間関係」と「場」——「場面」●

1.5 「意図」

　「意図」というのは、〈「コミュニケーション主体」が、何らかの行為(特に、その「表現行為」「理解行為」)によって何かを実現しようとする、自覚的な意識のこと〉だと規定されます。基本的には、「主体」は、何らかの「意図」を持ち、その意図する内容を実現するためにコミュニケーションを行うのだと考えられます。「意図」には、「表現意図」と「理解意図」がありますが、ここでは「敬語表現」に関連する「表現意図」に焦点を絞って述べておきます。

　「表現意図」には、「表現主体が持つ〈表現意図〉」だけではなく、「理解主体が推測する、表現主体の〈表現意図〉」を考えておく必要があります。

　「敬語表現」において、「表現主体」は、「人間関係」や「場」の認識によって、本来見えない「意図」をさらに間接的に表すことが多くなります。したがって、「理解主体」は、「相手」の「表現意図」を、その時々の「場面」に即して把握していかなければなりません。実際には、両者の「表現意図」が常に一致しているとは言えず、まったく異なる場合や、ずれのある場合も多く見られます。そこに、「敬語コミュニケーション」の難しさもあるわけです。

> **ポイント**
> ・「意図」とは、「主体」がその何らかの行為によって何かを実現しようとする自覚的な意識のことである。「意図」の内容を実現するための工夫や配慮と「敬語表現」とは密接な関わりがある。

・「理解主体」の立場からは，「相手」となる「表現主体」は，なぜ，何のために，何を叶えようとして，そう表現したのかを考えることが重要である。

●「意図」●

1.6 「文話」──文章・談話

　「文章」と「談話」とを総称して「文話」という用語で呼ぶことにします。

　「敬語コミュニケーション」も，基本的に「表現行為」「理解行為」の「やりとり」と「くりかえし」によって展開，成立することを考えると，常に，「文話」の単位で捉えていく必要があります。「文話」単位で考えようとするのは，そうした単位自体を厳密に規定する必要があるというのではなく，「語」や「文」という単位では考えにくく，また「語」や「文」の単位では見えにくい「敬語コミュニケーション」の実態や本質を明らかにしていこうとするからです。

　ある「主体」が，ある「場面」において，ある「意図」を実現するためには，基本的には，一つの語や一つの文だけでコミュニケーションを行うことはできません。「敬語表現」を「文話」で考えていくということは，言い換えれば，常に，「主体」「場面」「意図」を考えていく必要があるということです。

　なお，「文話」単位でのコミュニケーションを「媒材」の点から見ると，基本的に，「文章」は「文字コミュニケーション」，「談話」は「音声コミュニケーション」だと捉えることができます。

ポイント

・「敬語表現」を考えるための単位は，語や文ではなく，「文話」（文章・談話の総称）の単位である。「文話」単位で考えるということは，

すなわち,「主体」や「意図」,「人間関係」や「場」を考えるということである。

●「文話」――文章・談話●

2.「敬語表現教育」のあり方

　第1節で述べてきたことを,「敬語表現教育」のあり方として整理し直すと,次のようになります。

　「敬語表現教育」において扱う「敬語表現」とは,「主体」となる「学習者」の「コミュニケーション行為」として成立する,能動的・動態的なものである。そこにおいて,主体である学習者は,よりよいコミュニケーションを行うために,「場面」の適切な認識に基づき,明確な「意図」を持って,「文話」単位で表現し,理解していく能力(および言語以外の表現・理解能力)を養い,高めていく必要がある。それを支援することが,教師の役割である。

　これを踏まえ,第2節では「敬語表現教育」を実践していくための方法について考えていきたいと思います。

　ただし,教育実践の方法を考えると言っても,それぞれの教育環境によって具体的なあり方は変わってきます。個々の教育現場に適用するには,当然,個々の状況を考慮した上で行わなければなりません。しかも,「敬語表現教育」のみを実践できる場は限られています。しかし,初級から超上級まで,どのレベルにおいても「敬語表現教育」を行う必要性が高いことも明らかです。実践に生かすためには,まず基本的な考え方を押さえておくことが大切だと思います。その上で,個々の教師が,個々の指導や授業で,様々な工夫していくことが重要になってくるのだと言えるでしょう。

2.1 「待遇コミュニケーション教育」としての「敬語表現教育」

　まず,「敬語表現教育」の方法を考えていくための前提となる基本的な

枠組みについて，整理しておくことにします。

「主体」…「コミュニケーション主体」の主役はあくまでも「学習者」である。ただし，「教師」自身も常に「敬語表現」における「コミュニケーション主体」としての役割を担っていることは自覚しておく必要がある。ロールプレイなどに教師自身が参加する場合だけではなく，教室活動における様々なコミュニケーション，その他，通常のコミュニケーションを含め，教師も「コミュニケーション主体」となっているわけである。ただし，自分が学習者の「モデル」になっているという意識を過剰に持つ必要はない。

「場面」…「人間関係」と「場」との総称。「敬語表現教育」では，具体的な「場面」をどう設定するかが重要になる。

「人間関係」…「主体」が認識する，「自分」「相手」「話題の人物」の三者の関係である。コミュニケーション上，最も重要なものは，「自分」と「相手」との関係をどう認識するのかという点であるが，中級段階以降は，それに加えて「話題の人物」の位置づけも重要になる。実際には，それぞれの立場・役割，恩恵等に関する意識，それから生じる「当然性」の認識，「人間関係」と，「内容」「敬語」「文話」「媒材」「待遇行動」等との関係などが重要な点になってくる。学習者がこれらを明確に捉え，適切にコミュニケーションすることが，「敬語表現教育」では最も難しい課題となる。

「場」…どういう「場」（状況・雰囲気・文脈）であるかという認識だけではなく，それが，「内容」「敬語」「文話」「媒材」「待遇行動」等にどう関係してくるかが重要である。

「意図」…主体である学習者が「自覚的に意識」するという点が重要になる。「敬語表現教育」としては，「自分」は「相手」をどう待遇しようとしているのか，「自分」は「相手」にどう待遇されているのか，どう待遇されたいのか，「相手」は「自分」をどう待遇しようとしているのか，「相手」は「自分」にどう待遇されていると思っているのか，どう待遇されたいと思っているのか等々の，「場面」に絡む「待遇意図」を押さえておく

必要がある。

「表現形態」…「媒材」の相違により，「音声表現形態」「文字表現形態」に分かれる。コミュニケーションの観点からは，前者は「音声コミュニケーション」，後者は「文字コミュニケーション」となり，総称は，「コミュニケーション形態」となる。「表現形態」「コミュニケーション形態」によって，表現・理解・コミュニケーションのあり方，具体的には「言材」の選択や「文話」の構成，展開などが決まってくる。「表現形態」は，電話・手紙・Eメール等のコミュニケーションの「媒体」にも関わる。

「題材」…コミュニケーションにおける「何について」。「場面」「意図」との関連で考える必要がある。

「内容」…コミュニケーションにおける「何を」。「場面」「意図」「言材」「文話」との関連で考える必要がある。「題材」や「内容」に関する「敬語表現」における「適切さ」は，「場面」「意図」等の関連で生じる「当然性」との関係で決まってくる。

「言材」…抽象的なレベルでの「言葉」のことを「言材」と呼ぶ。「言材」を「言材」のままで習得することは，コミュニケーション上はあまり意味がない。常に，「場面」「意図」「文話」との関係で捉えていく必要がある。

「文話」…文章・談話の総称。重要なことは，単位の大きさではなく，コミュニケーションを「場面」や「意図」との関わりで捉えるということである。文章においては「構成」，談話においては「展開」を考えることが重要になってくる。

「媒材」…言語においては，音声・文字が，言語外のコミュニケーションでは，表情・しぐさ・絵・音，その他の種々のものが「媒材」となる。表現における「媒材化」や，「媒材」を通じた理解にも，当然，「場面」「意図」等が関係している。

「待遇行動」…言語以外のコミュニケーション手段を通じてなされる種々の行動。特に，うなずきやお辞儀などの言語随伴行動は重要である。

　こうした枠組みについての記述は，どうしても分析的，要素的になって

しまいますが，重要なことは，これらの枠組みがすべて相互に関連し合い，それぞれが関連し合うところに「敬語表現」も成り立っているということです。したがって，厳密に言えば，「敬語表現教育」においても，これらすべてが関連を持つような設定が必要になってくるわけです。それを「敬語」や「表現形式」だけから設定しようとすると非常に難しい課題になってしまうのですが，すべてを「コミュニケーション主体」の行為として捉え，それを前提として設定していけば，「敬語表現」として扱うことはそれほど難しいものではないと言えるでしょう。コミュニケーション行為として捉えれば，こうした枠組みは，一見複雑そうに見えても，実は常識的な枠組みに過ぎません。また，これらは，教師が「敬語表現教育」に臨むに当たって必要な情報なのであって，学習者は，結果としてこれらを認識し，身につければよいことです。初級・中級段階の学習者にとっては，こうした枠組み自体が学習項目になるわけではありません。

ポイント

- 「敬語表現教育」を考えるための枠組みとして，「主体」「場面」「意図」「表現形態」「題材」「内容」「言材」「文話」「媒材」「待遇行動」などがあるが，これらはすべて相互に関連している。これらは，複雑そうに見えるが，コミュニケーションを考えるための常識的な枠組みである。
- 「敬語表現教育」は，「敬語コミュニケーション教育」として捉える必要がある。言葉や「表現形式」から入るのではなく，コミュニケーションから考えていけばよい。

●「待遇コミュニケーション教育」としての「敬語表現教育」●

2.2 「人間関係」をどう扱うか

「人間関係」をどう捉え，位置づけるのかというのは，実は非常に厄介な課題なのですが，ここでは複雑な実態をできるだけわかりやすく捉えら

れるようにするために，あえて，「人間関係」を3段階にレベル化するという方法を採ることにします。

「人間関係」には，「自分」と「相手」と「話題の人物」との関係があります。「自分」というのは，「表現主体」(話し手・書き手)が捉えた自分自身のことであり，「相手」というのは，「表現主体」が捉えた聞き手・読み手のことであり，「話題の人物」というのは，「表現主体」が捉えた話の中に出てくる人物のことになります。厳密に言えば，すべて，「表現主体」の認識に基づくものだということです(「理解主体」〔聞き手・読み手〕が捉えた「自分」「相手」「話題の人物」も同様に考えることができますが，一々その両方を記述すると煩雑になるため，ここでの説明は「表現主体」に限っておきます)。

すべてが「主体」の認識に基づくものであり，「主体」の認識によって決まってくるということは，「人間関係」だけではなく，「場」についても同様ですし，その他，表現・理解に関わるすべての枠組みについても，同じことです。ただし，その点を踏まえた上で，まずは，わかりやすくするために，その認識のしかたというものを，ある程度一般化して記述することにします。

2.2.1 「相手レベル」と「コトバレベル」

まず，「表現主体」である「話し手」や「書き手」は，「相手」をどう位置づけるのかという点から見ていきましょう。これを「相手レベル」という用語で呼ぶことにします。「相手レベル」は，どういう言葉や表現形式のレベル（これを「コトバレベル」と呼ぶことにします）と関連するのか，という基準によって段階化するものです。「相手レベル」などと言うと，〈人間を差別化し，段階化するのはけしからん〉という声が聞こえてきそうですが，もちろん，「相手レベル」は，人間に序列をつけることなどではなく，あくまでも，どういう「相手」に，どういう言葉を用いればよいのか，といったことをわかりやすく示すための類型化にすぎません。ただし，教師は，こうしたレベル化のもたらす危険性も承知しておく必要があ

るでしょう。その点は，学習者にも，きちんと説明しておかなければなりません。

　ここでは，「相手レベル・＋1」「相手レベル・0」「相手レベル・－1」の3段階を設定しておきます。

　「相手レベル・＋1」というのは，例えば，「自分」が学生であれば，「相手」が教師の場合の位置づけとなり，「先生もいらっしゃいますか。」といった「コトバレベル」と対応します。

　「相手レベル・0」というのは，例えば，「自分」が学生であれば，「相手」がそれほど親しくないクラスメートの場合の位置づけとなり，「山田さんも行きますか。」といった「コトバレベル」と対応します。

　「相手レベル・－1」というのは，例えば，「自分」が学生であれば，「相手」が親しい友人の場合の位置づけとなり，「山田も行くの？」といった「コトバレベル」と対応します。

　ここで挙げた例は，もちろん絶対的なものではありません。先にも触れたように，実際には，「相手」が教師であっても敬語を用いない人もいるでしょうし，親しい友人にも敬語を用いる人がいるわけです。ここで目指しているのは，自らの「敬語表現」を選択するための参考に，ある程度一般化した基準を示すことです。実態のすべてがこうだというわけでも，この基準に必ず従わなければならないわけでもありません。

　「相手レベル」は，上下関係だけではなく，親疎関係も含んだものとして設定しています。人間を上下に位置づけるという発想ではなく，そこに親疎も含めた上で，大きく類型化したものであるということです。ただし，「相手レベル」は，単に「相手」の位置づけを類型化することだけに止めていたのでは意味がありません。それは，「コトバレベル」と対応させることで意味を持ってくるものなのです。「相手レベル」と「コトバレベル」とが対応する点こそが重要になるわけです。

2.2.2　「話題の人物レベル」

　次に，「表現主体」である「話し手」や「書き手」は，表現の中に出て

くる「話題の人物」をどう位置づけるかという点を見ていきます。「話題の人物」の位置づけは，「自分」との関係だけではなく，「相手」との関係も絡むため，かなりやっかいなものになります。

「話題の人物」には，「自分」側の「話題の人物」（例えば，〔相手は知らない〕自分の父親など），「相手」側の「話題の人物」（例えば，〔自分は知らない〕相手の姉など），「自分」と「相手」に関係する「話題の人物」（例えば，自分と相手の共通の教師など），「自分」にも「相手」にも関係しない「話題の人物」（例えば，自分も相手もまったく面識のない政治家など）の4種類があります。

「話題の人物」のレベルは，「自分」と「相手」との関係を考慮した上で決まってくるため，「相手レベル」よりも一層複雑になります。しかし，「敬語表現」において最も重要なのは，「相手」が「相手レベル・＋1」のときに，自分側を「ウチ」，相手側を「ソト」と捉えつつ，「話題の人物」を待遇することでしょう。基本的には，「自分」側の「話題の人物」を高く待遇しない，「相手」側の「話題の人物」を高く待遇する，といったことになります。

「話題の人物」も，「相手レベル」と同様に，「話題の人物レベル・＋1」，「話題の人物レベル・0」「話題の人物レベル・－1」と位置づけることができます。基本的には，ウチの「話題の人物」は，「話題の人物レベル・＋1」には設定しない，ソトの「話題の人物」は，「話題の人物レベル・－1」には設定しない，などと言えるわけです。

2.2.3 「レベル化」における留意点

あるコミュニケーションが「コミュニケーション主体」AとBの二者間で行われていた場合，「相手レベル」や「話題の人物レベル」は，「コミュニケーション主体A」が捉えたものと「コミュニケーション主体B」が捉えたものとが異なっている場合の多いことに留意する必要があります。

例えば，教師（「コミュニケーション主体A」）と学生（「コミュニケーシ

ョン主体B」)の会話の場合，教師から見た「相手レベル」は「相手レベル・−1」，学生から見た「相手レベル」は「相手レベル・＋1」となるわけです(個別の実態がどうであるかは別の問題です)。

　学習者に時折見られる誤解として，話し相手が自分のことを「相手レベル・−1」で待遇してきたのだから，こちらも話し相手を「相手レベル・−1」で待遇すればよいと思ってしまうことがあります。例えば，教師から「君も行くの？」と「相手レベル・−1」で問いかけられたとき，学生である自分も同じように「相手レベル・−1」で「うん，行くよ。」と答えてしまうことなどです。

　このように，「コミュニケーション主体A」が，相手である「コミュニケーション主体B」をどう待遇するかということと，「コミュニケーション主体B」が，相手となる「コミュニケーション主体A」をどう待遇するかは，その時の「コミュニケーション主体」が互いにどういう関係にあるのかによって決まってくることには留意する必要があります。これは，「話題の人物レベル」の場合も同様です。

　「相手レベル」「話題の人物レベル」については，状況によって，5段階(＋2, ＋1, 0, −1, −2)に設定してもよいでしょうし，＋0.5, −0.5, などと中間的なレベルを設定することも可能です。もちろん，教育/学習上は，あまり細かく設定するとかえって混乱させてしまうことになりますので，その点には留意する必要があります。経験的には，こうしたレベルづけについては，ほとんどの学習者がかなり容易に理解します。しかし，注意しなくてはならないのは，先にも述べたように，人間をレベル化する，という点に関する誤解を防いでおくことでしょう。「相手レベル」「話題の人物レベル」は，それを単独で扱うのではなく，常に「コトバレベル」と対応させることが大切です。

　「コトバレベル」は，基本的に「相手レベル」と対応させるために，0レベルを「わたしは学生です。」「山田さんも行きますか。」などのような，「通常語＋です・ます」に設定し，＋1レベルは，「お持ちですか。」「山田先生もいらっしゃいますか。」などのように「敬語」が加わること(「プラ

ス」)，−1レベルは「僕は学生だよ。」「山田も行くの。」などのように「です・ます」が用いられないこと(「マイナス」)，というように設定しておくとわかりやすくなるでしょう。

> **ポイント**
>
> - 「相手」の位置づけは，大きく3段階で考えるとわかりやすい。例えば大学生であれば，「相手レベル・+1」は「教師」，「相手レベル・0」は「それほど親しくないクラスメート」，「相手レベル・−1」は「親しい友人」などとなる。
> - 「相手レベル」は，単なる「上下関係」で決まるものではなく，「上下関係」と「親疎関係」を合わせたものである。
> - 「相手レベル」は，「コトバレベル」と対応する。例えば，「相手レベル・+1」は「いらっしゃいますか」，「相手レベル・0」は「行きますか」，「相手レベル・−1」は「行く？」などと対応することになる。
> - 「コトバレベル」は，基本的に「相手レベル」と対応させるために，0レベルを「通常語+です・ます」，+1レベルを「敬語+です・ます」，−1レベルを「通常語のみ」，というように設定しておくとわかりやすくなる。
> - 「話題の人物」には，「自分」側の「話題の人物」，「相手」側の「話題の人物」，「自分」と「相手」に関係する「話題の人物」，「自分」にも「相手」にも関係しない「話題の人物」の4種類がある。それぞれ，「相手レベル」と同様に「話題の人物レベル」の+1，0，−1を設定することができる。
> - 「相手レベル」「話題の人物レベル」は，そのときの「コミュニケーション主体」がだれであるかによって，相対的に決まってくる点に留意する必要がある。

● 「人間関係」をどう扱うか ●

2.3 「場」をどう扱うか

　「場」の重要性は，その認識が，「人間関係」の認識以上に表現に影響を及ぼす点にあります。例えば，親しい同僚であっても，正式な会議の席では，お互いに「相手レベル・−1」での話し方ではなく，改まった話し方に変わることや，上司であっても，くつろいだ居酒屋では，多少はくだけた話し方に変わることなどがあります。

　「場」の認識も，もちろん個人差は大きく，また個別の状況によって異なりますが，〈改まり――くだけ〉という点での類型化をすることで，「場」の位置づけをわかりやすくさせておく必要があるでしょう。

　「場」の位置づけについても，「相手レベル」と同じように大きく3段階で考えるとわかりやすくなります。例えば，「コミュニケーション主体」が社会人であれば，「場レベル・＋1」は「改まった会議や式典」，「場レベル・0」は「通常の職場」，「場レベル・−1」は「居酒屋での懇親会」などとなるでしょう。

　「場レベル」は，「場」の「改まり度」と考えるとわかりやすいと思います。「改まり度」は，言い換えれば「改まり」と「くだけ」の程度であり，「場レベル・＋1」は，「改まり度」が高く(「くだけ」の程度が低い)，「場レベル・−1」は，「改まり度」が低い(「くだけ」の程度が高い)ということです。

　「場レベル」は，必ずしも「コトバレベル」と直結するわけではないので，「相手レベル」のようには明確なレベル差が認識しづらいのですが，例えば，「ござい(ます)」「いたし(ます)」「まいり(ます)」といった「丁重語」は，「場レベル」が高くなると出やすい敬語である，といった特色があります。したがって，「場レベル・＋1」のときに「丁重語」を用いる必要がある，逆にいえば，「場レベル・0」や「場レベル・−1」のときには「丁重語」を用いる必要はない，用いるとかえって変だということになります。例えば，改まったビジネス場面などでは「丁重語」が必要になり，くだけた日常の場面ではあまり必要ないということです。

> **ポイント**
> - 「場」の位置づけも，大きく3段階で考えるとわかりやすい。例えば，社会人であれば，「場レベル・＋1」は「改まった会議や式典」，「場レベル・0」は「通常の職場」，「場レベル・－1」は「居酒屋での懇親会」などとなる。
> - 「場レベル」は，「場」の「改まり度」と考えるとわかりやすい。「改まり度」は，言い換えれば「改まり」と「くだけ」の程度であり，「場レベル・＋1」は，「改まり」の程度が高く，「場レベル・－1」は，「くだけ」の程度が高いということである。
>
> ●「場」をどう扱うか●

2.4 「意図」をどう扱うか

1.5で述べたように，「意図」は重要なものではありますが，客観的には「主体」以外には〈見えない〉ものです。したがって，その意味では，教育/学習の対象とはしにくいものだと言えます。しかし，「意図」が「主体」にとっては〈自覚的な意識〉である点を生かし，学習者自身に「意図」を自覚させるところから始めることが大切でしょう。「自分」は，何のためにコミュニケーションしようとしているのか，こういうことを実現するためには，どう表現すればよいのか，といったことを学習者自身が考えることが重要になります。

例えば，「依頼表現」の場合でも，〈「自分」がこの「相手」に依頼をしたい〉という意識をもってコミュニケーションを行うことが大切です。「～ていただけますか」という「表現形式」を学習するために依頼をするわけではありません。教師の側からすれば，「主体」である学習者にどのように「意図」を持たせるか，どのようにすれば学習者自身が「意図」を持つようになるのか，そうした点を考えることが重要になるわけです。

> ポイント
> ・学習者には，具体的な「意図」を考えさせる。〈こういうことを実現するためには，どう表現すればよいのか〉を考えさせることが大切である。
>
> ●「意図」をどう扱うか●

2.5 「文話」単位でどう扱うか

　「意図」を実現させるためには，基本的には「文話」単位でコミュニケーションを行う必要があります。

　例えば，「依頼表現」を扱うときにも，「その本を取ってもらえますか。」「その本を取ってくれませんか。」「その本を取っていただけますか。」「その本をお取りくださいますか。」…というように，1つの文だけで「依頼表現」を考えるわけにはいきません。

　例えば，談話(「音声コミュニケーション」)であれば，

「あ，すみません。」
「はい？」
「すいません，ちょっとそこ手が届かないんで，その本を取ってもらえますか。」
「あ，いいですよ。これですか。」
「はい，どうも。」

などといった〈まとまり〉で考える必要があるということです。要するに，「依頼表現」は1文で成り立っているのではなく，「文話」で成り立っているということになります。

　さらに言えば，これは〈だれとだれが，どういう状況で行っているコミュニケーションなのか〉ということがわからないと，なぜこういう「表現形式」を用いているのかも見えてきません。

　「文話」で扱う場合には，先に示した枠組みすべてが明らかになってい

る必要があります。そうすることで，たとえそれが事実ではないとしても，実際のコミュニケーションに近づくわけです。

> ポイント
>
> ・「表現意図」は「文」と対応させるのではなく，「文話」と対応させる。例えば，「依頼」という「表現意図」は，1文(「その本を取ってもらえますか。」)ではなく「文話」単位で実現すると考える必要がある。
>
> ●「文話」単位でどう扱うか●

2.6 「敬語」をどう扱うか

「敬語表現」は，あくまでもコミュニケーション全体の中で捉えることが大切です。しかし，「敬語表現」においてやはり「敬語」は重要な要素であると言えるでしょう。〈敬語だけが問題なのではない〉ということであって，〈敬語はどうでもよい〉ということではないのです。

ここでは，敬語を適切に扱うために，敬語の再整理を行います。敬語をその基本的な性質の違いによって分類するなら，従来の尊敬語・謙譲語・丁寧語をどのように整理し直せばよいのか，といった観点から述べていくことにします。

従来，尊敬語と言われているものには，例えば，「おっしゃる」「お(書き)になる」「ご(説明)なさる」「(書か)れる」「くださる」「御社」などがあります。いわゆる尊敬語は，その動作をする人やその人に関するモノ・コトなどを「高める」といった性質があります。その意味では，ここに挙げた例はすべてそういう性質を持っていると言えます。ただし，その中をよく見ていくと，敬語的な性質に違いがあることに気づきます。

「くださる」には，特に現代敬語では重要な意味を持つ「恩恵」という要素が加わっています。「先生は私にそう説明なさいました。」と「先生は

私にそう説明してくださいました。」とでは，敬語的な意味も異なっています。

「御社」というのは，あくまでも「相手」の所属する会社を意味する敬語であって，例えば，「あなたのお父様がお勤めの御社は…」などと言うことはできません（「お勤め」という敬語は，「あなたがお勤めの」も「あなたのお父様がお勤めの」も可能です）。

要するに，上に挙げた「尊敬語」も，敬語的な性質の違いによって次のように再整理することができるわけです。

① おっしゃる・お書きになる・ご説明なさる・書かれる
② くださる
③ 御社

次に，いわゆる謙譲語ですが，例えば，「申し上げる」「お（会い）する」「伺う」「いただく」「まいる」「ご（説明）いたす」「弊社」で見ていくことにしましょう。

どれも，「自分（側）」の動作や事物について敬語化している点で共通性があります。しかし，敬語的な性質としてはかなり異なるものが混在しています。

「訪ねる」という意味での「伺う」と「まいる」を比較してみると，例えば，「先生のお宅に伺いました。」「先生のお宅にまいりました。」では両者の違いがわかりませんが，「新宿駅に伺いました。」（？）と「新宿駅にまいりました。」を比較すると，その違いが明らかになってきます。「伺う」は，訪ねる先にいる人を高める性質を持つ敬語であるのに対し，「まいる」は，訪ねる先にいる人には関係なく，〈「自分」の動作を高くしない＋改まり〉という性質を持つ敬語だと言えます。「伺う」と同じ性質を持つ敬語は，「申し上げる」「お会いする」などで，「まいる」と同じ性質を持つ敬語には，「いたす」「申す」などがあります。なお，これらには，〈「自分」を低める〉という性質はないと考えます。自分を高めないだけであって，積極的に「低める」のではないということです。

「いただく」は,「くださる」と同様,「恩恵」という要素が加わっている敬語です。

「ご説明いたす」は,「ご説明する」と「いたす」という性質の異なる敬語が二重に入っている敬語です。

「弊社」は,「自分」の所属する会社についてだけ言うことができる敬語です(「私の弟が勤めている弊社では,…」などとは言えません)。

以上をまとめると,次のように再整理することができます。

① 申し上げる・お会いする・伺う
② いただく
③ まいる
④ ご説明いたす
⑤ 弊社

次は,いわゆる丁寧語です。例えば,「です」「ます」「お天気」「ご飯」「でございます」といった敬語で考えていきましょう。

丁寧語は,やや曖昧な用語であり,敬語としての性質が大きく異なるグループが混在しています。

「です」「ます」「でございます」は,「文話」全体に関する敬語だと言えます。ただし,「です」「ます」は「文話」全体を丁寧にする性質を持つのに対し,「でございます」は「文話」全体をさらに改まりの高い表現にする性質を持っている点に違いがあります(いわゆる「です・ます」体と「でございます」体の違いです)。

それに対して,「お天気」や「ご飯」は,それぞれ「天気」「めし」という言葉をよりきれいな言葉にする性質を持っている敬語です。

再整理すると,次のようになります。

① です・ます
② でございます
③ お天気・ご飯

従来の用語の持つ問題点として，〈「尊敬語」といっても別に「尊敬」しているわけではない〉，〈「謙譲語」というと，「謙り」，「謙遜」など，「自分」を低くしているようで卑屈な感じがする〉，〈「丁寧語」といっても，敬語はすべて丁寧だと言えるのだから曖昧である〉，などといったことが挙げられるでしょう。用語と実態・中身とを完全に対応させることはできませんが，できるかぎり実感に合った用語を目指すとすれば，現代共通語の場合には，尊敬，謙譲，といった用語を避けたほうがよいだろうと思います。

　そうした点を踏まえ，従来の尊敬，謙譲の代わりに，「尊重」という用語を使うことを提案しています。その人のことを尊重する，という意識や気持ちであれば，これまでの尊敬や謙譲の思いも含められるのとともに，必ずしも上下には関係なく，広く用いることができるのではないでしょうか。

　用語を改め，さらに語例を増やして，上に述べてきたことを整理し直すと，次のようになります。

いわゆる尊敬語：
① 　おっしゃる・お書きになる・ご説明なさる・書かれる（「直接尊重語」）
② 　くださる・書いてくださる・お書きくださる（「恩恵直接尊重語」）
③ 　御社・玉稿（「相手尊重語」）

いわゆる謙譲語：
① 　申し上げる・お会いする・伺う・拝見する・ご説明する（「間接尊重語」）
② 　いただく・書いていただく・お書きいただく（「恩恵間接尊重語」）
③ 　まいる・いたす・申す（「丁重語」）
④ 　ご説明いたす・お書きいたす（「尊重丁重語」）
⑤ 　弊社・拙稿・愚息（「自己卑下語」）

いわゆる丁寧語：
① 　です・ます（「丁寧文体語」）

② でございます・であります(「丁重文体語」)
③ お天気・ご飯(「美化語」)

さらに整理をすると，次のような6分類になります。

1) 「尊重語」(「直接尊重語」「恩恵直接尊重語」「間接尊重語」「恩恵間接尊重語」)
2) 「丁重語」
3) 「尊重丁重語」
4) 「美化語」
5) 「尊卑語」(「相手尊重語」「自己卑下語」)
6) 「文体語」(「丁寧文体語」「丁重文体語」)

ここでは，敬語そのものについて抽象的に整理してきましたが，ここでの整理に基づき，状況に合わせて，いろいろな説明方法が考えられます。初級であれば，「自分」敬語と「相手」敬語だけで整理してみる，「高める」「きれいにする」，などという用語で説明することもできるでしょう。

もちろん，敬語は実際の「文話」の中で扱うことが大切です。だれの動作・状態なのか，だれからだれの動作なのか，だれがだれに対してだれのことを表現しているのか，どういう状況において使われているのか，などといったことを実際に考えながら敬語を見ていくことで，その敬語の基本的な性質も用法も理解できるようになると言えます。

ポイント

- 「敬語」の知識があれば適切な「敬語表現」になるわけではないが，適切な「敬語表現」のためには，やはり「敬語」の知識は必要である。「敬語」は，重視しすぎても軽視しすぎてもいけない。
- 敬語の整理・敬語の新分類
  「尊重語」(「直接尊重語」「恩恵直接尊重語」「間接尊重語」「恩恵間接尊重語」)・「丁重語」・「尊重丁重語」・「美化語」・「尊卑語」(「相手尊重語」「自己卑下語」)・「文体語」(「丁寧文体語」「丁重文体

語」）
・「敬語」も常に「文話」の中で考えていく。「敬語」だけを取り上げて学習しない。

●「敬語」をどう扱うか●

3．「敬語表現教育」の実践方法

　「敬語表現教育」の方法としては，できる限り，実際の言語生活の中で，あるいはそれに近い状況設定をして教育/学習を行っていくという方法が，おそらくは最善の方法であると思います。現実の教育/学習環境を考慮すると，そうした活動型の方法を採用するのは難しいことも理解できますが，様々な制約の中でも「敬語表現教育」を行う必要性がある以上，何らかの工夫をしていくことが大切でしょう。また，現在の状況では活動型の教育/学習ができないからといっても，実際の言語生活においては，いずれどこかで「敬語表現」の能力は必要になるため，そのことを念頭においた「敬語表現教育」の方法を考えておく必要があると言えるでしょう。
　ここでは，大学の学部生や大学院生などを学習者として行ってきた「敬語表現教育」に関する実践に基づき，その実践方法の要点について述べておきたいと思います。

3.1　「自分」のことを表現するための実践方法

　まず，「自分」の気持ち・考え・意見などを，他者に対して表現することに重点を置いた実践について見ていきましょう。これは同時に，「相手」の気持ち・考え・意見などを理解するということにつながります。自己紹介，インタビュー，ご挨拶・スピーチ，面接，記者会見，トーク番組，口頭発表，発表会，話し合い・討論会，いずれも，基本的には，「自分」のことを適切に表現するということが目的となっている実践です。それぞれについて，要点のみを，キーポイント方式で示しておきましょう。

3.1.1　自己紹介

- 自己紹介は，どういう「相手」に，どういう「場」で，ということによって，表現の内容も，表現の方法もまったく違ったものになる。大きなパーティー会場で一人が大勢に向かって紹介する場合，1対1で紹介し合う場合，一人(あるいは複数)を一人(あるいは複数)の他者に紹介する場合など，「相手レベル」や「場レベル」を変えて練習する。
- 自己紹介で「丁重語」(「いたす」「まいる」など)を導入する。「場レベル・＋1」の場合，典型的なものとしては，次のようなパターンで導入する。

　「はじめまして。○○と申します。○○からまいりました。現在，○○をしております。どうぞよろしくお願いいたします。」

　もちろん，こうした典型的な表現に固定してしまうのではなく，適宜「場レベル」に合わせ，さらに内容も加えて練習する。
- 「待遇行動」も含めて練習する。立ち方，お辞儀のし方などについても言及し，他者にどういう印象を与えるかを考えながら行う。
- クラス内のグループでは，自己紹介だけではなく，「他者紹介」を入れていくと変化が出る。
- 「自分」の内面や本質を語る意味での自己紹介は，3.4項の活動において行う。

3.1.2　インタビュー

- 「相手」の気持ち・考え・意見を引き出すための質問を考える。
- 「お名前は何とおっしゃいますか。」「どちらからいらっしゃいましたか。」という表現だけではなく，「お名前は？」「ご出身は？」などという「言いさし」の表現も練習する。
- 自己紹介と組み合わせて行うと効果的である。
- プロジェクトワークでの活動の一環として導入する。相手から情報を引き出すために質問する場合，アンケートをとる場合などにも必要な技能になる。

・いわゆる尊敬語（「直接尊重語」）の練習にもなる。

3.1.3　ご挨拶・スピーチ

・スピーチは，特に始めと終わりに注意して，レベルの枠作りをする必要がある。改まったスピーチでは，最初と最後に注意する。そうすれば，中間では，それほど敬語の使い方に気を取られる必要はない。
・自分が「相手」（聴衆）に伝えたいことをわかりやすく共感を得られるように伝える工夫をすることが「敬語コミュニケーション」としての配慮となる。
・「場レベル」を意識させることが大切である。「場レベル・＋1」でのスピーチという設定で「丁重語」を練習することができる。しかし，「場レベル・0」では，あまり「丁重語」などを用いる必要はない。「場面」に応じた使い分けが重要になる。

3.1.4　面接

・できるかぎり，実際に必要な「面接（試験）」を設定して行う。大学院の入学試験としての面接，就職のための面接などを設定する。
・面接を受ける立場だけではなく，面接担当者役となって，何を質問すればよいかを考えることが重要である。
・模擬練習をグループ活動で行う場合，各グループに面接チェック係を設けておくとよい。
・練習のふりかえりを行うときには，面接を受けた者，面接担当者，面接チェック係の順に発言するとよい。
・各自が必要な面接のシナリオを作成してみるとよい。ふりかえりが容易になる。
・いわゆる謙譲語（「間接尊重語」および「丁重語」）の練習になる。

3.1.5　記者会見

・架空の設定にして質疑の練習をする。スター・タレント・著名な学者な

どの記者会見を設定する。ある種のロールプレイとして楽しみながら学習することが大切である。ただし，必ずしも架空の設定にする必要はない。実際の自己紹介と連動させて行う方法も可能である。
・状況・雰囲気作りも大切な要素になる。ビデオカメラ・マイクなどを実際に用意するとよい。

3.1.6　トーク番組
・司会者，ゲスト役を設定。視聴者番組にして，クラス全体をスタジオに見立てて行う。
・番組の設定は，あまりくだけたものにはしないほうがよい。ある程度改まりの高いものにしないと，楽しくはなっても，「敬語表現」の学習にはしにくい。ただし，改まりの違いを知るためには，いくつかのトーク番組を設定しておくことにも意味がある。
・学習者にとって関心の持てるゲストの設定になっているとよい。実例としては，映画俳優，整形美容・ダイエットの権威，料理研究家，などがあった。
・必ずしも架空の設定である必要はない。現実の「自分」を表現する設定にもできる。
・ある程度の打ち合わせやビデオカメラ，マイクなどの準備が必要。

3.1.7　口頭発表
・口頭発表で重要なのは，もちろん内容である。「表現内容」をどのように表現すれば「相手」(聴衆)に適切に伝えられるのかが「敬語コミュニケーション」としての課題である。
・わかりやすい表現の展開，「相手」が理解可能な「表現形式」を選択することが，「敬語コミュニケーション」としての配慮となる。
・レジュメの作り方，プレゼンテーションのし方なども，広い意味での「敬語コミュニケーション」の課題となる。
・ゼミなどの発表では，最初と最後の枠組み作りだけ留意すれば，敬語自

体に気を取られる必要はない。

3.1.8　発表会
・学習者が司会・進行も務めるようにする。司会のしかたについては，事前の指導をしておいたほうがよい。マニュアルに囚われる必要はないが，進行に役立つ表現の型(質問を促すときの「いかがでしょうか」，質疑を終了に導く「よろしいでしょうか」などの表現)を知っておくことには意味がある。
・発表内容が重要なのはもちろんだが，最初と最後の枠組み作りについては，発表会の「場レベル」に合わせた「敬語表現」にすることが重要になる。
・質疑応答でのコミュニケーションでは，「相手レベル」に合わせた「敬語表現」にも留意する。質疑応答で実力が出る。
・わからないことを強弁しない，「相手」の指摘をきちんと受け止めることが，「敬語コミュニケーション」としては重要な点となる。
・研究分野によって，発表の方式や用いる「表現形式」が異なるので，学習者の専門に合わせる必要がある(あくまでも内容重視で「敬語表現」が必要ない場合もある。逆に，ほとんどの発表者が「発表させていただきます」といった「表現形式」を用いているという場合もあるようである)。

3.1.9　話し合い・討論会
・クラスのメンバーで楽しく話し合えるテーマ，賛否が分かれるテーマ(ディベートが可能になるようなテーマ)，考えを深められるようなテーマ，などを学習者から引き出し，それぞれのテーマに合わせた討論を行う。
・他者の話をよく聞く。「相手」の「表現意図」をきちんと捉えることが大切。
・反論や批判の表現方法が重要な点になる。「相手」の考えや意見を一度

受け止めた上で，自分の考えや意見を述べるようにする。
・意見の最初を「でも，」から始めないようにする。

3.2 「行動展開表現」の実践方法

「表現行為」を「意図」の種類によって，

1. 「自己表出表現」：お風呂に入って独り言として言う「ああ，いい湯だなあ。」など
2. 「理解要請表現」：天気予報として言う「明日は全国的に晴れるでしょう。」など
3. 「行動展開表現」：依頼として言う「すみません。それを取ってもらえますか。」など

に類型化すると，「行動展開表現」というのは，何らかの「行動」に「展開」することを「意図」している「表現」（例えば，上の依頼の場合，相手がそれを取るという行動に展開することを意図している表現）ということになります（ただし，実際に相手がそれを取ってくれるかどうかは表現とは別の問題です）。

「敬語表現」との関連では，「丁寧さ」の原理——「行動展開表現」の場合，「行動（だれが行動するのか）」「決定権（だれがその行動を決める力を持っているのか）」「利益（だれがその行動によって利益や恩恵を受けるのか）」，という要素で捉え，「自分」が「行動」し，「相手」が「決定権」を持ち，「自分」が「利益」を受ける，という構造を持つ「行動展開表現」が「丁寧さ」の原理に適うものである，といった考え方の枠組み——を導入してきました。

実際の授業においては，おおよそ次のような流れで進めています。
① まず，学習者自身が自らのこれまでのコミュニケーションを振り返る。
② その上で，関連する具体例を示し，「意図」と「表現形式」との関係を理解させる。
③ 基本的には，学習者自身が「意図」を持ちやすいロールプレイによる

コミュニケーション練習を行う。
④　教師，学習者がともに問題点を指摘し，それを踏まえて，再度ロールプレイを行う。

　先にも述べたように，学習者が自分自身の「敬語表現」を振り返り，内省する機会を作ることは大切です。①を経ることで，②以降の学習が自覚的に行えるようになってきます。授業の形式や展開としては，おそらく多くの教師が実践している方法だろうと思いますが，これまでに述べてきた要点を自覚しつつ進めることが重要であると考えています。多くの教材と同様に談話例は示しますが，これは，モデル会話を暗唱させるといった方法とは，基本的にまったく異なるものです。

　まずは，「敬語表現」能力の基礎を作ることを目指し，基本的な「やりとり」と「くりかえし」に習熟します。その上で，「敬語表現」としては，実際に起こりうる，断りや修正などを練習に入れていきます。「依頼」であれば，いろいろな立場になって依頼し，依頼され，断り，断られ，という「敬語表現」を何度か螺旋状に繰り返すということが大切です。「待遇行動」も重要であることは言うまでもありません。

　現実の授業では，ここまで展開させることが困難な面はありますが，教育/学習の環境や目的，学習者の意欲や能力，学習者の段階に合わせて，可能なところまでを行えばよいでしょう。

　要するに，〈きもち(意識)——なかみ(内容)——かたち(形式)が連動したコミュニケーション〉を重視するということになります。

　以下，各「行動展開表現」について，指導上の要点を示していきます。

3.2.1　依頼表現

　依頼表現は，基本的に，次の構造を持っています。以下，3.2.7まで同様に示します。

「行動」＝「相手」，「決定権」＝「相手」，「利益」＝「自分」

・だれ(依頼の「相手」)に，何(依頼の「用件」)を頼むのかということを明

確にさせる。そこから「当然性」の高い(依頼しやすい)場合，低い(頼みにくい)場合が決まってくる。その上で「相手」レベルと，「用件」レベルを考える。
- 依頼の展開のパターンと，依頼に用いる「表現形式」とを理解する。例えば，学生(S)が「相手レベル・＋1」の教師(T)に推薦状を書いてもらうために研究室を訪ねて依頼する場合であれば，

S：先生，ちょっとお願いしたいことがあるんですが，今よろしいですか。
T：あ，いいですよ。何でしょう。
S：実は，K奨学金に応募したいんですが，申込書のほかに指導の先生の推薦状が必要になりまして(／推薦状が必要なんです)。
T：ああ，そうなんですか。
S：お忙しいところ申し訳ありませんが，書いていただけますでしょうか。
T：ええ，もちろん。何か決まった書式があるんですか。
S：いえ，特にはありません。形式は自由だそうです。
T：わかりました。じゃあ，書いておきますから，あさっての昼休みに取りに来てください。
S：はい，どうもありがとうございます。よろしくお願いいたします。

などとなるが，依頼談話の展開とともに，下線部のような表現形式を談話の中で使いこなせるようにする必要がある。
- 「相手」の発話をよく聞くことが大切な点を強調する。上の例であれば，「推薦状が必要になりまして。」の後，すぐに教師が「いいですよ，書きましょう。」と言えば，「書いていただけますか。」は不要になる。「相手」の発話を聞きながら「やりとり」することが重要である。
- 依頼表現で重要なのは，直接的な依頼の表現(書いていただけますか，など)ではなくて，事情説明(推薦状が必要になりまして，など)のほうである。事情説明がきちんとできれば，「相手」は依頼されていること

が理解できるので，コミュニケーションはうまく進んでいく。
- 表現形式としては，「書いてください」（指示）ではなく「書いていただけますか」を用いる。初級から，「(書い)てもらえますか」の形式は重要である。「～てもらえますか」「～てもらえる？」「～ていただけますか」「～ていただけませんか」などを「文話」の中で学んでいく必要がある。ただし，依頼の「表現形式」だけに囚われないようにする。
- 依頼に限らず，他の「行動展開表現」と組み合わせながらロールプレイを行うと，現実のコミュニケーションと近いものになっていく。依頼→断り→代案としての申し出，など。
- ロールプレイにこだわるのではなく，クラスの中でも現実の依頼を入れていく。

3.2.2　誘い表現

「行動」＝「自分」と「相手」，「決定権」＝「相手」，「利益」＝「自分」と「相手」

- 「相手レベル・＋1」には直接的な誘い表現の形式「～ませんか」を用いないほうがよい。誘いは，「相手レベル・0」，「相手レベル・－1」で練習するほうが効果的である。
- 誘いの内容，「当然性」，展開などを考えながらコミュニケーションする。「当然性」が高ければ，クラスメートに対して，「お昼，いっしょに食べに行かない？」などとすぐに誘うことができるが，低い場合には，「相手」の都合伺い（「今度の土曜日は，何か予定がある？」）→誘いの内容（いつ・どこで・なにがある。「夜，パーティーがあるんだけど。」）→事情説明（なぜ誘うのか。「日本人の友達を誘ってくるように言われて…」）などという展開になる。
- 誘いに用いる「表現形式」の違いを理解させる。「行きませんか」「行かない？」は「当然性」の低い誘いで，「決定権」は「相手」にあるが，「行きましょう(よ)」「行こう(よ)」は「当然性」の高い誘いで，「決定

権」を「自分」が取っている。
- 「相手」が断りにくいようにするためにはどうするか，断りやすいようにするためにはどうするか，なども考えながら行う。例えば，「いつ」のところを広げておくと(「いつでも都合のいいときに」「来週でも，再来週でもいいよ」など)「相手」は断りにくく，限定されていると(「明日の5時に」など)断りやすくなる。「あなたと行動したくない」という理由では断りにくい。
- 現実の状況で誘う練習をする。例えば，実際にクラスで簡単なパーティーを開き，そこにだれかを誘ってくることなど。ただし，どのように誘ったかについては，誘われた人に確認する必要がある。
- どこまで誘い続ければよいのか(例えば，二回断られたら，それ以上はしつこく誘わないほうがよい，など)，なども誘いを考える話題にするとよい。
- 「(わたし)でいいの？」「せっかく(誘ってくれた)のに」「ぜひ」「楽しみにしている」「また誘って(ね)」などといった「表現形式」にも着目する。

3.2.3　申し出表現

「行動」＝「自分」，「決定権」＝「相手」，「利益」＝「相手」

- 申し出をする状況判断が重要。せっかくの親切があだにならないようにする。
- プロジェクトワークでの話し合いなどの際に自分が何かを申し出る機会があるので，そうしたことを前提にした練習をする。「表現形式」としては，「私が調べてきましょうか。」という典型的な表現だけではなく，「私が調べてきます。」という「宣言表現」も含まれる。
- 依頼表現の断りとの関係で，代案を出すときに，例えば「私はその日は都合が悪いんですけど，だれかできそうな人に聞いてみましょうか。」などといった申し出表現にするなど，他の表現と複合的に用いる練習を

すると効果的に学べる。

3.2.4　勧め・アドバイス表現

「行動」＝「相手」，「決定権」＝「相手」，「利益」＝「相手」

- 勧めやアドバイスは，相手のために役立とうとする親切な行為ではあるが，突然勧めたりアドバイスをすることは少ない。基本的には，アドバイス求めをされてからアドバイスをする設定を作る。そうしないと「お節介」になってしまう。
- 学習者が教師に勧め・アドバイスをする設定を作る。例えば，学習者の国に旅行するに際してのアドバイスなど，学習者のほうが知識や情報を持っていることについてアドバイス求めをする。教師や日本語の母語話者が常にアドバイスをする状況を変えることが大切である。上→下という固定的な設定からの脱却が重要。
- 「相手レベル・＋1」に対してもアドバイスは可能である。上下ではなく，立場・役割，情報を多く持っていること，などが問題である。
- 教師から学習者に授業の方法などについてアドバイス求めをすると，本当の「意図」を持った「相手レベル・＋1」とのコミュニケーションが可能になる。
- アドバイスは「した/するほうがいいですよ」という「表現形式」だけで行うものではない。「すると/すれば/したらいいんじゃないでしょうか」「いいと思います(よ)」「私だったら，…」など，様々な「表現形式」が関わってくる。固定的な「表現形式」から脱却することが重要。
- 具体的な練習としては，「恋愛相談」「人生相談」などのロールプレイもおもしろい。

3.2.5　許可求め表現

「行動」＝「自分」，「決定権」＝「相手」，「利益」＝「自分」

- 本当の「許可求め表現」(立場にある人に対して許可を求める。例えば，事務所に行って，教室使用の許可を得るなどの場合)と「あたかも許可求め表現」(例えば，風が吹き込んでいるため明らかに窓を閉める必要のある状況で，念のために「窓を閉めてもよろしいですか。」などと言う場合)とを区別して練習する。
- 「許可求め表現」は，基本的に「丁寧」な表現である。そのため，「あたかも許可求め表現」が多くなるので，特に理解するときにはその「意図」を適切に把握する必要がある(例えば，上述の「窓を閉めてもよろしいですか。」に対しては，「ええ，閉めてもいいですよ。」ではなく，「ええ。」「すみません。」「お願いします。」などで対応する必要があることなど)。

3.2.6　許可与え表現

「行動」=「相手」,「決定権」=「自分」,「利益」=「相手」

- 「あたかも許可求め表現」に対する「許可与え表現」の練習が重要。「あたかも許可求め表現」に対しては，直接的な「許可与え表現」を用いない。
- 許可を与えない表現である「禁止表現」を含めて練習する。禁止をどう表現すればよいかを考える。「ここではタバコは吸わないでください。」と常に言えるわけではないので，状況に合わせて，その言い換えを工夫させる。
- 「許可与え表現」は，基本的に「丁寧さ」には欠ける表現である。そのため，状況や立場をよく考えて表現する必要がある。

3.2.7　断り表現

以下は，例えば，×「自分」は，「自分」が「行動」しない，あるいは，「利益」を失うことを示す。

依頼の断り　　「行動」=×「自分」，「決定権」=「自分」，「利益」=×「相手」
誘いの断り　　「行動」=×「自分」，「決定権」=「自分」，「利益」=×「自分」
申し出の断り　「行動」=×「相手」，「決定権」=「自分」，「利益」=×「自分」
許可求めの断り「行動」=×「相手」，「決定権」=「自分」，「利益」=×「相手」

- 依頼→断り，誘い→断り，申し出→断り，許可求め→断り，などを承諾と併せて(基本練習としては，承諾の後に)練習する。
- 依頼・誘い・許可求めに対する断りの場合は，「相手」の「利益」を打ち消してしまうことへの謝罪→断りの展開(例えば，「すみません。ちょっと都合が悪いので。」など)になり，申し出に対する断りの場合には，申し出てくれたことへの感謝→断りの展開(例えば，「ありがとう。でも大丈夫だから。」など)になりやすいことなどにも留意しつつ練習する。
- 「断り」においても，適切に「事情説明」をすることが重要になる。
- 断って終わりにするのではなく，その後にフォローする表現が大切になる。代案の提示などと合わせて練習する。依頼に対する断りと申し出表現を組み合わせる(例えば，「私はできないんですが，彼に頼んでみましょうか。」など)。
- ロールプレイでは，必ずしも「断ってください」と指示する必要はない。状況に応じて，学習者が承諾か断りかを選択すればよい。

3.3　「媒体」ごとの実践方法

　以下は，「媒体」に関する問題です。電話，メモ，手紙・Eメールそれぞれの媒体が様々な活動に関係します。これらについても，要点を示しておきましょう。

3.3.1　電話

- 「電話」で依頼・誘い・許可求め，などを練習する。練習の際には，相手の顔を見ないように工夫する。実際に電話をしてみることも重要だが，

教師がコミュニケーションを確認しにくいため，クラス外の活動にしたほうがよい。
- 電話特有の表現を知っておく必要がある(「お電話が遠い」などの表現。また，切るときに用いる「ごめんください」など)。
- 留守番電話の入れ方も練習する。

3.3.2　メモ書き
- 「相手レベル・＋1」のメモ書きは，手紙やメールと違って，準備や推敲がしにくいので，思っている以上に，「敬語表現」の「実力」が出る。
- メモ書きで必要なのは，簡潔な「敬語表現」である。普段から，要点を書くための練習をしておくとよい。
- 日時，署名の記載など，メモ書きに必要な事項にも留意する。

3.3.3　手紙・Eメール
- 手紙やEメールで，依頼・誘い・許可求めなどの表現練習をする。
- Eメールや手紙などの文章表現では，相手の反応を見ながら表現できないので，自分の「意図」とは異なる受け止め方をされることが多い。自分がそのメールや手紙を受け取ったらどういう印象や理解になるかをよく推敲してから出したほうがよい。
- 手紙は手紙の書き方に関する手引き書や辞典などを参考にする。手元に置き参照しやすくするため，自分の使いやすいものの購入を勧めている。
- Eメールと手紙との相違点(例えば，時候の挨拶の有無など)にも触れておく必要がある。
- 課題として教師宛てのEメール・手紙を出させる。全員分をコピーして，よい点，問題点などをグループで検討する方法もある。
- プロジェクトワークなどに組み込むことで，より現実的なコミュニケーションになる。

3.4 プロジェクトワーク・コミュニケーション活動型授業の実践方法

2.1で示した枠組みすべてが教育/学習に絡んでくるためには，教育/学習内容を言語生活の実態に合わせることが必要です。それによって，「敬語表現教育」を無理なく設定することが可能になるでしょう。従来行われてきたプロジェクトワークや，教室内だけには止まらない種々の活動などを通じて，「敬語表現教育」を進めることが考えられます。

例えば，学習者が大学生や大学院生であれば，講演会を開く，研究発表会を運営する，雑誌を作る，等々の活動が考えられます。また，日常的に，あるいはクラスの企画として，懇親会を開く，合宿や旅行をする，といったことなども考えられるでしょう。こうした活動を実行するためには，計画を立てるために相談する，具体的な手順を整える，それぞれの役割を決めること，また，連絡する，交渉する，運営する，等々の行為が必要になってきます。

さらにそのためには，直接話し合う，電話をする，手紙や文書を書く，Ｅメールでやりとりをする，といったそれぞれの媒体によるコミュニケーション行為が必要になるわけです。例えば，講演会を開催するという企画であれば，相談し，講演者を決め，電話や手紙で依頼，交渉をする，そして，講演会場を予約し，当日は，司会や受付といった役割を担当し，講演者との応対，講演を聴き，質疑し，懇談し，レポートを書き，礼状を出す，等々の様々なコミュニケーションが行われることになります。

こうしたプロジェクトワークとしての活動だけではなく，クラス内で，自分の考えや意見を発表し，それについて話し合うことで，さらに考えや意見を深め，最終的には，口頭発表，レポートに仕上げていくといった活動を行うことも，コミュニケーション能力を高める有効な方法だと言えます。これらは，広く「コミュニケーション活動型授業」と名づけることができます。

それぞれの活動において，主体となる学習者は，「人間関係」「場」「表

現形態」「題材」「内容」「言材」「文話」「媒材」「待遇行動」等の枠組みを，改めて考えるまでもなく，自然に意識せざるを得ない状況に置かれることになります。このようなコミュニケーション活動型の教育/学習方法は，特に，「敬語表現教育」の大きな目的となる「場面」（「人間関係」と「場」）の認識に基づく様々なコミュニケーションが自然な形で習得できるというところに，大きな利点があると考えられます。練習のための練習ではなく，明確な目的意識を持った活動の中に身を置くことで，結果として，「敬語表現」能力が養われ，身についていくという方法です。

　しかし，当然のことながら，この方法にも問題点はあります。この種の活動型の方法を採用すると，教師もその活動の流れの中に巻き込まれることになります。どのように展開していくか，必ずしも予想がつかない状況で授業を進めていくことになることは，利点でもありますが，同時に教師，学習者にとっての不安要因にもなります。授業運営に関する方法論や，教師の果たす役割に対する明確な自覚がないと，ただ単に活動するだけという教育/学習になってしまう恐れが多分にあると言えるでしょう。単なる活動だけでは，「敬語表現教育」として，最も重要な，「場面」の認識とそれに基づくコミュニケーションを学ぶことにつながりません。また，具体的な学習項目が何であったのかが明確にならないことで，勉強したという実感がなく，何を習得したのかわからないという不満を持つ学習者も出てきてしまいます。

　それでは，活動型の教育/学習方法をどのようにすればよいのか，ということですが，その一つの考え方としては，活動全体の大きな目的を達成するために行われるそれぞれの局面におけるコミュニケーション行為を自覚的に捉えながら進める，すなわち「ふりかえり」を常に行いながら進める，ということが挙げられます。「敬語表現教育」について言えば，自分がコミュニケーションしようとする「相手」との関係を意識し，自分が置かれている状況を認識し，そのために何を，どうすればよいのか，ということを自覚的に捉えるための時間を，授業時に限らず，可能な限り作っていく必要があるということです。そのことにより，学習項目も明確になっ

てくるでしょう。ただし，それ自体が教育/学習の目的になるのではなく，あくまでもそうした内省やそれに基づく工夫が，より大きな活動全体の目的につながっているということが大切なのです。

こうした活動型の教育/学習方法を採った授業は，当然のことながら，こういう方法で行えば必ず成功する，というものではありません。固定的なマニュアルやパターンなどはなく，実践も常に個別的，常に流動的なものです。ただし，それぞれの実践を通じて，何らかの実際的な方法論も見えてくるはずです。事例を積み上げつつ，一つの解答というのではなく，いくつかの共通性のある方法論を導くことができればよいのだと思います。

> ポイント
> ・教育/学習を言語生活の実態に適応させるために，プロジェクトワークや「コミュニケーション活動型授業」を行うことは有効な方法となる。
> ・活動型の授業を単なる活動に終わらせないためにも，コミュニケーション行為に関する「ふりかえり」の段階が重要となる。
> ● プロジェクトワーク・コミュニケーション活動型授業の実践方法 ●

4．まとめ

これからは，「敬語」から「敬語表現」への教育/学習に展開させ，さらに「敬語コミュニケーション」へと範囲を広げた，「待遇コミュニケーション」としての教育実践が求められることになります。そうした「待遇コミュニケーション」の教育/学習は，初級の段階から少しずつ導入していくことが大切になるでしょう。

「丁寧さ」の原理については，これまで主に「行動展開表現」における「丁寧さ」の原理について提唱してきましたが，「理解要請表現」を含め，

さらに検討していく必要があるでしょう。「理解要請表現」における「丁寧さ」というのは、「表現行為」であれば、「相手」に対して、わかりやすく、明確に表現するといったようなことであり、「理解行為」であれば、「相手」の意図するところを、「表現形式」に囚われずに、的確に理解しようとするといった姿勢を持つことだと考えられます。それは、「場面」と「内容」、「場面」と「言材」、「文話」等々に絡んでくることです。「丁寧さ」がよりよいコミュニケーションにつながるものであるとすれば、それを明らかにしていくことが、「敬語表現教育」の本来の目的にもつながってくると言えるでしょう。〈丁寧さ＝敬語〉、といった図式から脱却することが、「敬語表現教育」の出発点になるわけです。

第Ⅱ章

「気づき誘導」を求めて
―― 社会人・大学生に必要な待遇表現教育を模索する

1. 配慮の示し方を探ること＝待遇表現教育

1.1 高感度レーダーをつくる

　筆者は，今までに，外国人と日本人の両方に対して待遇表現教育を行ってきた経験があります。そこで本章では，外国人と日本人双方を対象にした待遇表現教育について考えてみます。まず，従来からとらえてきた指導法を振り返り，問題点を明確にします。その上で，筆者の指導に対する考えを述べ，実践してきた具体的な指導例を紹介し，今後の方法論を探るための課題をまとめたいと思います。これらを読者の皆さんに議論の材料としてお使い頂ければうれしく思います。

　なお，本章で対象として考える外国人は，日本国内で働くビジネスパーソン（初級～上級），日本で暮らしている在住外国人（初級～上級），留学生（初級～上級）で，日本人の場合は，入社後3年までの新入社員と大学生です。

　まずはじめに，筆者は，敬語表現教育ではなく「待遇表現教育」としてとらえていることを述べておきます。

　第Ⅰ章1.1のポイントで，待遇表現というのは「人間関係」や「場」に配慮した表現の使い分けおよびその表現のことである，と述べています。また，『言語学大問題集』[1]の中では「人間関係や場面，話題となる事柄へ

の配慮を反映した言語的表現全般のこと」ととらえられています。文化庁の『待遇表現』[2]では「待遇は人間相互のさまざまな関係——社会的関係や心理的関係——によって規定されるのだから，人間関係とは何かをまず考えざるを得なくなる」と前置きした上で「待遇表現は，このような意味では，〈人間関係とことばの結びつき〉とか，〈場面によることばの使い分け〉とか言い換えることができるかもしれない」としています。

一方，国語審議会は，2000年12月に「現代社会における敬意表現」を提唱しました。この答申で，敬意表現は，「コミュニケーションにおいて，相互尊重の精神に基づき，相手や場面に配慮して使い分けている言葉遣いを意味する。それらは話し手が相手の人格や立場を尊重し，敬語や敬語以外の様々な表現から適切なものを自己表現として選択するものである」とされていて，待遇表現と類似した定義がなされています。

筆者は，これらの複数の定義に共通する要点を，コミュニケーション学の文脈の中で解釈したいと考えています。コミュニケーションの定義は200ぐらいあると言われていますが，ハウエルと久米[3]は，コミュニケーションを「ジョイント・ベンチャー」と呼び，「互いに相手のメッセージが送られてきた瞬間，自己の内部でモノローグを行い，相手に自分のメッセージを送り出し，それが相手にどう受け取られるかについて再びモノローグしながら相手の反応を待つプロセス」であるとしています。これは，話す時には，発話時と発話した後，他人にどのように受け取られるのかを考え，相手の感情や場の雰囲気などを適切に感知するレーダーが必要であることを暗示しています。

また，対人コミュニケーションにおいて，コミュニケーション学者ワイマン（訳：石井）[4]はコミュニケーション能力を次のように定義しています。

> 場面の制約の中で，相手の面目を保ちながら，出会いの間に自分の対人目的をうまく達成するために，可能な種々のコミュニケーション行動の中から選択をする相互作用者の能力である。

また，クーパック[5]は，コミュニケーション能力の重要な構成要素として，効果的であること，その場にふさわしいことを挙げています。

このようなコミュニケーション能力の定義から待遇表現教育をとらえると，どのように話したらどのように相手に受け取られるか，相手の面目をつぶしていないかどうか，その場にふさわしいかどうかなどについて的確に働く高感度レーダーが必要になります。そうなると，レーダー作りのための想像力や感性を育むことが教育目的として重要になってくると思います。そして，言語的表現うんぬんだけでなく，コミュニケーション学で非言語コミュニケーションに分類される表現についても，待遇表現教育の範囲に置く必要があるように思われます。

> ポイント
> ・待遇表現教育は人への配慮の示し方を探る教育である。
> ・人にどう受け取られるか感知するレーダーをつくることが大切である。
>
> ● 高感度レーダーをつくる ●

1.2 非言語コミュニケーションの重要性

非言語の伝達手段はいくつかに分類されていますが，待遇表現教育として重要なものとしては，顔の表情・身振り・手振り・姿勢などの身体動作，視線の合わせ方や注視時間などの視線接触，相手との距離や座席のとり方などの近接空間，待ち合わせや仕事準備の捉え方に関する時間概念，言い方の調子や声の出し方，間のとり方などのパラ言語，外見や服装などの体物表現などが挙げられます。バードウィステル[6]は，同文化内で母国語で二人が対話した場合，日常のコミュニケーションで言語によって伝えられるメッセージは30～35％で，残りの65～70％は言語以外の手段で伝えられると分析しています。「目は口ほどにものを言い」という諺もあるように，ことばだけ丁寧であったとしても，非言語面で配慮を欠いていたら，誤解や摩擦は避けられません。特に，文化の異なる者同士のコミュニケー

ションでは，非言語表現の持つ意味合いが話し手と受け手で異なるため，言語形式だけを教えても十分な教育とはいえない面が出てきます。

また，同文化の日本人同士であっても，機械的に文字通りに音声化しただけでは，紋切り型で冷たい印象を与えかねません。言葉遣いが十分丁寧でも，言い方が不適切であれば，かえって失礼だと受け取られるだけでしょう。その意味で，言語表現の教育でおろそかにしてはならないことは，パラ言語の教育であると言えます。

そこで，この章では，待遇表現教育を「人間関係や場に配慮した言語・非言語両面からの表現の使い分けと理解を促進するレーダー作り」として，論を進めていきたいと思います。

> ポイント
> ・待遇表現教育には，非言語コミュニケーション教育も重要である。
> ・言語形式だけでなく，パラ言語の教育も見逃せない。
> ● 非言語コミュニケーションの重要性 ●

2. 今までの敬語表現教育の問題点

ここでは，これまでに採られてきた敬語表現教育について振りかえり，日本人の場合，外国人の場合それぞれに，問題点を挙げてみたいと思います。

2.1 日本人の問題点

2.1.1 身にならない知識教育

日本人が敬語表現を学ぶのは，一般的には，中学，高等学校の「国語」の授業で「敬語」の学習をする時です。高等学校のケースを例にとってみましょう。国語科の中の「現代語」の教科書をみると，敬語の誤用例を取

り上げた解説文と，動詞の対照表による指導がみられます。例えば東京書籍の『現代語』[7]には次のようなものが採用されています。これはひとつの典型例です。

1. 次の空欄を埋めてみよう。

尊敬態	通常態	謙譲態
おっしゃる	言う	
	い（居）る	
	行く・来る	まいる
	思う	存ずる
	食う・食べる	
なさる	する	いたす
ご覧になる	見る	拝見する

　筆者は，勤務校の大学生260名を対象に，3年にわたり敬語表現に関する質問紙調査[8]を実施しました。その結果，このような対照表による動詞の変換で敬語を学んできた経験をもつ学生は95％と圧倒的に多いのです。また，「敬語のどんな点がむずかしいか」を自由記述式で聞いたところ，「尊敬語と謙譲語の使い分けがわからない」「丁寧度の判断が難しい」「自信がもてない」の3回答に分類されました。敬語を学ぶ必要性や目的を十分伝えられることなく，形式だけを与えられ，運用する能力や気力が未開発のまま戸惑っている様子が垣間見えます（→第V章2.2.4）。

　また，「敬語を使う」と答えた回答者が93％，「必要だと思う」と答えた回答者が96.9％と，使用率も必要度も高いにもかかわらず，学生が敬語に対してもつイメージは，自由記述の結果，「苦手だ」「嫌いだ」「避けたい」が87％を占め，ネガティブなイメージが大半を占めています。実際にどんな時に使うか尋ねたところ，「アルバイト先で」「目上と話す時」「就職活動で」の3つの場での使用が多いことがわかりました。これらの

ことから浮かび上がる学生の敬語に対する実態は次のようなことです。実際には必要性を十分に感じてはいるものの，高等学校までの教育で，「正しい敬語」の形式を理解することと動詞を中心とした語彙レベルの敬語を暗記することに終始したために，いざ運用しなければならない段になって，うまく使えず，苦手意識だけを昂じさせている，ということです。

2.1.2　敬語は「尊敬を表す」表現か？

　使用場面の調査結果でも出たのですが，実社会に出ると，敬語表現は，親疎関係，恩恵関係，利害関係において使用することが多いのですが，高等学校の教科書で扱われている敬語使用の場面を分析してみると，生徒が教師と話す場面などの上下関係がほとんどで，親疎関係や恩恵関係の場面設定はあまり見られません。そのため，敬語は上下関係がある時のみに使われるかのような固定イメージが高校を卒業するまでに植えつけられてしまっているのではないかと推察します。教科書に出てくるように，「敬語」とは，「教師」などの「上」に対して，「尊敬の念を表す」ための表現であると偏った理解をしてしまっているのではないでしょうか。そうなると，本当は「尊敬」などしていない「上」に対して，本音とは裏腹の表現を使うことを強要されたように感じ，余計にアレルギーを起こしてしまうのではないかと思います。高等学校までに，親疎関係や恩恵関係でなぜ敬語が使われるのか，どう運用したらいいのかについて学んできていないのですから，社会人予備軍である大学生になっても，適切な敬語使用ができないのは無理もないことだと言えます（→第Ⅴ章2.2.1，2.2.2）。

　大学生の中には「です・ます」という丁寧語を「尊敬語」と認識している人も少なくありません。このことは，教師と学生の関係や家族の関係がより友人に近い関係になり，周囲の人との会話はいわゆる「タメ口」で済んでしまう現実を反映していると推察できます。ケータイメールを頻繁に打つ学生達が，簡略化した表現を好んで使う傾向は今後さらに加速するでしょう。しかし，一旦社会人になれば，同世代と話す時，また，メールを交わす時，尊敬語は使わないまでも，丁寧語の「です・ます」で会話しな

がら親しさを表すことも必要になるのです。「丁寧語使用＝親しくないこと」といった表面的な図式で敬語をとらえるような単純な理解だけでは済まされなくなります(→第Ⅰ章 2.6，第Ⅴ章 3.2.2)。

　また，大学生の中には，「あなた」という言葉を，英語のyou同様に，名前を知らない目上の人と話すときに使っている人もいました。漢字の「貴方」は文字が示すとおり尊敬語だったのですが，話しことばの場合は，上から下か，親しい者同士で使用することばに変化しています。同じような変化が生じた例としては2人称では「御前」や「貴様」がありますが，これらの使い方や使用範囲の変化については教えられてきていないようです(→第Ⅴ章 3.3.2)。

　さらに，大学生に待遇表現指導をしている時，場面と役割を与えロールプレイをさせるのですが，いわゆる「コンビニ敬語」「ファミレス敬語」と呼ばれているマニュアル化された敬語表現を，接客の場面以外のロールプレイでも頻繁に用いる傾向が強いことに驚かされます。これは，学校教育の中で断片的な知識として注入され未消化だった敬語を，いやがおうでも使用せざるを得ない状況に追い込まれた最初の場がアルバイトであったために，そこで叩き込まれたマニュアルを絶対化してしまうからではないかと推察しています。

2.1.3　偏向した敬語指導がもたらす結果

　社会人の教育の場でも，さまざまな問題点がみられます。新人社員研修で，会社側からの要請として，学生時代にアルバイト経験のある社員に関して，「コンビニ敬語」「ファミレス敬語」の使用をやめさせてほしいとの項目が挙げられるようになりました。

　ある時，研修中に，新入社員が「よろしかったでしょうか」という表現を使ったことがありました。この表現はよく「正しくない敬語」として批判されるものです。そのせいか，その時，研修に立ち会っていた上司が，「その表現は使うな」と厳しくいさめました。しかし，とがめられた新入社員は，一か月前の予約を確認する場面で「よろしかったでしょうか」と

使っていたので，正しい使い方をしていたのです。日本語の歴史をさかのぼると，「コンビニ敬語」の中の曖昧な表現は，必ずしも最近の傾向ではなく，曖昧にすることで丁寧度を上げる表現方法は昔からあったことがわかります。マニュアルを機械的に丸暗記させることも，それらすべてを「正しくない敬語」として毛嫌いし排除することも，唯一絶対を意識する点においては同じことではないかと思います。いずれも，なぜそのように表現するのかを表現意図から探ってみるという大切なプロセスを見落としています。

　また，接客業で，新人の接客態度を覆面でチェックしてほしいという依頼を受けることがありますが，こういう場合によく見受けるケースとして，次のようなものがあります。まず一つ目に，ことば使いはとても丁寧で敬語使用に全く問題はないのですが，目線や姿勢が不適切である，口調がぶっきらぼうである，よどみなく立て板に水といった話し方であるなどの理由で，客に好印象を与えておらず，そのことに本人が全く気づいていないケースです。これは，敬語に自信があるために，使いこなせるということだけで自己満足してしまい，ボディ・ランゲージやパラ言語の重要性に無頓着であることから生じます。二つ目に，敬語は十分に使用して説明しているにもかかわらず，客の要望を断る時に「それはできません」などと直接的に言い，客を怒らせるケースです。「大変申し訳ないのですが…」とか「恐れ入りますが…」といった，クッションの役割をする表現を十分に身につけていないことや，「ご希望に添いかねます」というような婉曲的な断り表現を使いこなせないことが原因です。このケースも，単語レベルでの敬語教育で，形の上での丁寧さのみを求めてきた結果だと思われます。「丁寧さ」の意識を，単語レベルから談話としての話のまとまり全体に向けさせる必要性があります（→第Ⅳ章2）。

　入社3年後の研修になると，社内，社外それぞれの待遇表現自体の使い分けよりも，どういう場で誰に対してどこまで言っていいのか，言うか言わないかの判断を，場と人間関係と立場から考えるケーススタディを研修生自ら持ち込んでくるようになります。

こういった現状を通して見えてくることは，社会人予備軍に対する指導として，まず，敬語や待遇表現という呼び方でくくれる「ことばや表現の学習」を行う前に，人と人とを結ぶコミュニケーションとは何かを原点からとらえ直す学習と，母語である日本語の特徴と日本人のコミュニケーションスタイルについて外国語と比較しながらとらえ直してみることの重要性です。

> ポイント
> ・今までの敬語指導は，形式の変換と，上下関係の強調が多い。このことが，現実生活での敬語使用を阻害している。
> ・社会人予備軍は「コンビニ敬語」「ファミレス敬語」をうのみにする。逆にそれを排除しようとする社会のアレルギーも強い。いずれも表現意図に対する眼差しが欠けている点で一致している。
> ・「敬語」以前に，コミュニケーションとは何か，母語である日本語とコミュニケーションスタイルの特徴はどんなか，とらえ直すことが必要である。
>
> ● 日本人の問題点 ●

2.2　外国人の問題点

次に外国人に対する敬語表現教育の現状を，以下のように①導入時期，②教科書における扱われ方，③配慮表現，の3点に分けて述べたいと思います。

2.2.1　遅すぎる導入時期

通常，国内の日本語教育機関における待遇表現の導入は，「です・ます体」を終えた後，「やる」「もらう」「あげる」「くれる」などの授受表現，いわゆる「やりもらい表現」を導入するところから始まります。これらはたいてい初級後半のカリキュラムに組み込まれています。教科書の配列が

そうなっているからです。また，尊敬語，謙譲語等の敬語表現は初級の最後か中級の初期に扱われるのが一般的です。川口[9]は，初級日本語教科書における敬語の扱われ方について，4種の教科書を分析し，「敬語を学習項目の中心とする課が，文型の形式で文法要素を学習項目とする課と同等に配列されていること」と「敬語の語法上の解説が不十分な，あるいはなされていない場合があること」を問題点として挙げています。さらに川口は，「敬語を教科書の最後の課に集め，解説・練習をその課に集中させることは，敬語指導の可能性を狭めることになってしまう」と導入時期に関して警鐘を鳴らしています。この川口の指摘は，2.1で述べたような日本人に対する国語教育にも通じる問題点です。

　日本に住む外国人は，自分の意思を伝えるだけなら敬語表現を知らなくても基本的な表現だけで用は足ります。しかし，現実の生活では，日本人の自然な発話を理解しなければ自分の行動目的を達成できないことが多いのです。実際，外国人は来日直後から，日本人が使用する敬語表現を理解しなければならない場面に直面します。初級後半でまとめて学習するのでは遅すぎるのです。例えば，ファーストフード店に入ったとしましょう。ことばを使わなくてもメニューの写真を指さすことで注文は事足りるのですが，店員が客に尋ねかける日本語を理解しないことには応答ができません。「こちらでお召し上がりですか？お持ち帰りですか？」「ケチャップはおつけしますか？」「ご一緒にお飲み物はいかがですか？」などの店員からの問いかけの意味を理解して，ひとつひとつに反応しなければならないからです。

　同様のことは，帰国のための飛行機チケットを予約する場合にも起こります。「ご出発は何日でいらっしゃいますか？」「お一人様でよろしいでしょうか？」などの接客で使用される敬語表現を理解しないと，適切に応答して必要なチケットを入手するという最終目標が達成できないのです。

　また，彼らが地域に住むことになった場合，不動産屋や隣り近所の人と会話をする必要に迫られます。接客業を営んでいる人であればあるほど，また年齢層が高ければ高いほど，相手の日本人の敬語使用頻度は高く，そ

ういう人たちは日本語教師のように発話をコントロールして敬語を避けて話す配慮などしてはくれません。外国人自身は使わなくても、日本人が使う敬語表現を理解しないでは会話が成り立たないのです。詳しくは次の項目で触れますが、来日したばかりの成人外国人が遭遇する敬語は、教科書で学ぶような組織に属したことで生じた上下関係において使用される敬語ではなく、親疎関係の「疎」に関わる敬語表現であることが多いのです。

　以上のことから言えることは、敬語表現の使用場面に関する正確な知識と、聞く立場に立った時に相手の使う敬語表現から発話意図を把握する訓練は、初級初期の段階から必要であるということです（→第Ⅲ章 5.1、第Ⅴ章 5.1）。

> **ポイント**
> ・外国人に対する敬語表現指導は、通常、初級後半から中級にかけて行われているが、初級の早い時期からの導入が必要である。
>
> ● 遅すぎる導入時期 ●

2.2.2　皮相的な教科書の扱い

　初級後半や中級の教科書で、敬語表現が紹介される時の場面や状況の設定をみると、ピッツィコーニ[10]も分析しているように、学生が先生に対して、一社員が上司に対して、といった上下関係と、A社社員がB社社員に対して使用する、といったウチソト関係が多くみられます。設定される人間関係と場面が限定的です。現実的には、前の項目でも述べましたが、海外で日本語を学んできた外国人が来日して最初に戸惑うのは、電車の中で偶然隣り合わせた日本人から話しかけられたり、イベントで出会った参加者から話しかけられたりした場合の、新疎関係の「疎」において使用される敬語表現の理解です。関係性でいえば、そのほかに、恩恵関係、力関係、利害関係などもっと多様に存在します。また、さらに複雑な事には、関係性だけでなく、場面や状況など複数の込み入った条件が絡み合って適

切な表現が選択されるということです。例えば，年齢が上の部下に対する場合と年齢が下の部下に対する場合とでは，その上司の使用する表現は異なるのではないでしょうか。また，日頃は部下に対して尊大な口調で接する上司であっても，部下に私用で頼みにくいことを頼む場合などは，遠慮していつもよりへり下った表現を使用する可能性もあります。このように，現実生活では，複数ある敬語表現の中から適切な表現を選択するためのファクターは，重層的なものであり，教科書のダイアローグにみられるような固定的で平板なものではありません。そこで，使用すべき適切な表現を決定するまでの過程で，どのようなファクターを重視して表現を選択するのかといった価値判断そのものに着目し，気づきを誘導させる教育が必要ではないかと思います。

　さらに，教科書での敬語の導入は，多くの場合，日本人の国語教育と同様に，動詞を中心とした尊敬語，謙譲語の対照表で最初に提示されます。そして，その課で扱われる文例は，上下関係の「上」とウチソト関係の「ソト」に対する会話の切り出し方，問いかけ方，依頼や許可の求め方などの〈どう働きかけるか〉に集約される言語行動と，「上」や「ソト」からの問いかけや指示に対する応答の仕方などの〈どう応えるか〉に集約される言語行動です。現実の生活の中での敬語使用場面は，〈どう働きかけるか〉〈どう応えるか〉だけでなく，事柄や状況を詳細に説明したり意見や感想を伝えたりする場合に〈どう述べるか〉も必要です。この場合，長いモノローグの中での敬語表現の使用が必要になりますが，この点も現在の教科書では見過ごされがちです。筆者は，日本人と働く外国人社員を対象とした日本語コミュニケーションの阻害点についてのインタビュー調査[11]を実施し，その結果を分析しましたが，意見を述べる際，敬語をどの程度使って話したらいいのか判断ができないということが，阻害点のトップに挙げられました。これは，日本語教育の現場で，利害関係において〈どう述べるか〉の教育が不十分である現状を反映していると思われます。

　このように言語形式と限定的な場面設定に焦点をあてた日本語教育の指導のあり方は，日本人が国語教育で学習したにもかかわらず敬語が定着し

なかったのと同様の結果を外国人にも招いています。待遇表現教育を，もっと人間関係を円滑にさせるための豊かなコミュニケーション活動の一環として位置づけることが必要ではないでしょうか。

> ポイント
> ・教科書の扱いは，場面，人間関係などの設定が限定的である。表現を教えるのではなく，表現を決定するまでの過程でどのようなファクターを重視して選択するのかに着目させる「気づき」誘導の指導が必要である。
> ・「働きかける」か「応じる」かの敬語指導が多いが，長いモノローグで「述べる」ための敬語指導が急務である。
>
> ● 皮相的な教科書の扱い ●

2.2.3 軽視されがちな配慮表現

1で述べたように，第Ⅰ章で待遇表現は「人間関係や場に配慮した表現の使い分けおよびその表現」とあり，国語審議会の答申では敬意表現を「相手や場面に配慮して使い分けている言葉遣いを意味する」としています。これらに共通するキーワードとして「配慮」ということばが挙げられます。そこで，ここでは，「配慮」を表現することばをいくつか例にとって現状の問題点を考えてみます（→第Ⅴ章3.4.2）。

アの1.「～てもらう」「～てあげる」はワキ役か？

外国人を対象にした待遇表現教育において，重要なポイントであるにもかかわらず，教える側の日本人がうっかりすると見落としてしまうものとして，行為の授受表現が挙げられます。これは，今まで述べてきたような丁寧語，尊敬語，謙譲語といった言葉の区別でとらえられない待遇表現です。日本人を指導してきて感じることですが，日本人の場合，これらが敬意を示す表現であるという意識を持つ人は多くありません。日本人の場合

は無意識的に自然に身についてしまっているからです。

　先ほど2.2.1で、外国人に対する待遇表現教育は「やりもらい表現」から始まるということに触れました。「やりもらい表現」とは「弟に小遣いをやる」「私にプレゼントをくれた」「叔母からセーターをもらった」「誕生日に花束をあげた」などもののやりとりに関する表現をさしますが、これらの導入の後、「動詞のテ形（例：取って）＋やる・くれる・もらう・あげる」のように、授受動詞を補助動詞的に使用する用法が導入されます。しかし、現行の教科書と教室活動では、授受動詞の補助動詞的な用法については、ものの授受に関する「やりもらい表現」の補足や発展といった、刺身のツマのような位置づけでしか扱われないことが多いのです。

　実は、外国人にとって具体的なもののやりとりを表す「やりもらい表現」は学習上さほど問題にはなりません。それよりも、「〜てくれる」「〜てもらう」「〜てあげる」などの行為の授受に関する表現を、適切に理解し使用することの方が、日本人の想像をはるかに超えてむずかしいことなのです。特に、恩恵を受けたことに感謝を示す表現「〜てもらう」が、「あたかも表現」と蒲谷・川口・坂本[12]により名づけられた表現として使われる場合は、聞いていて話し手の発話意図を誤解してしまうようです。「あたかも表現」は、例えば、恩恵を受けるのが自分ではなく相手である場合でも、相手への丁寧さを示すために、あたかも自分の側が利益を受けるかのように感謝をこめた表現形式をとることで、日本人同士の会話では日常的に頻繁に使用されているものです（→第Ⅴ章5.2.2）。

　例えば、絵を描くことを趣味としている友人Aから自信作を見せられたBは、その絵に全く関心がなく見ることを望まなかったとしても、Aに礼を言う際、「ありがとう、いい絵を見せてもらって」と、相手Aのとった行為に「てもらう」をつけることにより、Bはあたかも自分が利益を得たかのような謝意表明のスタイルをとります。しかし、Bの言ったことを、英語で表現すると"Thank you for showing me a great painting."となり、英語には授受動詞の補助的用法はありませんから、こういう場面のロールプレイをさせて謝意を表現するように指示すると、英語を母語とす

る人の場合，そのまま日本語に訳して「私にいい絵をみせましたね。どうもありがとう」とか，「いい絵をみました。どうもありがとう」のように言う人が多いのです[13]。また，医者が患者に対して言う「きょうはお風呂に入らないでもらえますか」なども，入浴しないことで利益を受けるのは患者であるにもかかわらず，医者はあたかも自分が利益を受けるかのように丁寧に表現しているのですが，この例文のような使い方も，外国人は聞いて理解はできても，自分で使用するのはかなり難しいといいます（→第IV章3.2）。

アの2．日本人の盲点

　日本人の場合，こういった授受動詞の補助的使用により丁寧さを高める表現は，いわゆる敬語表現とは無関係だと思っているため，これもひとつの敬意表現であると説明すると，初めて聞いたといって驚きます。従って，日本人が外国人に敬意表現を教える場合，外国人にとっては授受動詞の補助的用法のほうが単語レベルの敬語を学習するより難しいということに気づかずに，素通りしがちなのです。これらを導入する時には，外国人の視点に立ち，表現形式だけを教えるのではなく，日本人がこういう表現形態をとるのは何故かという点に着目し，日本人の発想や言語文化面からの解説が不可欠だと思います。

　また，その際，他文化の発想や言語文化面との比較にも触れることも必要ですが，この点も見過ごされがちです。例えば中国人の場合，日本人なら相手に恩恵を与えたことを明確にする表現である「～てあげる」を使用しない場面において，「～てあげる」を使ってしまって恩着せがましく聞こえることがあります。これは，中国では，相手が奉仕に足る尊敬されるべき人物であることを表明することで相手を敬う発想があって，相手への配慮として「～てあげる」を使用しているのです。韓国人の場合も同様です。ハングル語でも，言語形式的には日本語と同じで恩恵を授受動詞で表すようですが，相手への尊敬の意を表わすために「～てあげる」を使用するという日本語と異なった言語文化があるようです。

こういった発想そのものに着目しないと，中国的，韓国的発想に基づいて敬意を表すために「～てあげる」を繰り返し使用している中国人学習者，韓国人学習者の誤用に気づくことができずに，彼らのことを，不遜で尊大であると誤解したまま放置してしまうことになりかねません。

イ．「～ないでください」は禁止表現か？

　現行の教育では，初級段階で配慮表現を教えることそのものが軽視されている傾向があります。例えば，どの初級教科書でも取り上げられている文型「～ないでください」は，「ここに車をとめないでください」「タバコをすわないでください」のように，禁止表現として広く認知されています。
　しかし，この文型は，筆者の調査[14]によれば，一般的には配慮表現として使用されていることが多く，「気にしないでください」「心配しないでください」「気を遣わないでください」などの表現が日常的なコミュニケーション活動において使用率が高いのです。これらの表現も，待遇表現の中の配慮表現として使用に導くことも可能なはずです。
　教科書では，例えば喫煙を制する場合，場や関係性を特定しないまま「タバコをすわないでください」というフレーズが取り上げられている例が多いのですが，現実の生活では，他人の行為を制する言語行動は，相手の体面や面目を配慮して，婉曲的に表現するのが一般的です。禁煙室でタバコを吸っている人に「タバコをすわないでください」というと相手の体面，面目を侵してしまいます。従って，このような場合は「すみませんが，ここは禁煙室なのですが…」と客観的事実を伝えるにとどめ，相手が行動を改めるよう促す言い方をするのではないかと思います。このように，場面，状況，人間関係が曖昧で不明確なまま，禁止表現の発話を導く教育が行われている現状は，待遇表現教育の観点から見て，望ましいことではないと思います。
　初級教科書において提出されている言語形式の機能が，現実場面で使用される機能を反映していないことも問題点として挙げられます。

ウ．「つまらないものですが」はよく使われるか？

次に贈答場面での謙譲表現の典型例として教科書に紹介されている「つまらないものですが」について述べます。

この表現は，初級教科書において，贈答場面でよく使用される表現として紹介されています。しかし，筆者の行った事例研究[15]でみる限り，実際にはあまり使用されていない可能性が明らかになりました。さらに，現行の教科書での「つまらないものですが」の導入は，人間関係，場，何をどういう目的で贈るのかなどの設定が曖昧で，正確な使用を誘導できないことが指摘されています。贈答習慣は日本社会の特徴のひとつでもありますので，贈答場面での謙譲表現を導入する時は，表現を与えるのではなく日本人の贈答に込められた意識から解説し，場面や人間関係を明確にした上での適切な表現指導を行うことが必要だと思います（→第Ⅴ章 4.2.3）。

> ポイント
> ・配慮表現の導入が適切に行われていない。配慮表現の指導を適切に行う必要がある。
> ・言語形式だけでなく，日本人の言語文化や発想から解説する必要がある。
>
> ● 軽視されがちな配慮表現 ●

3. 指導実践例

ここでは，2で触れた問題点を踏まえた上で，1で述べた待遇表現教育のとらえ方をもとに，試案として実践した筆者の教育実践例について述べます。

3.1　日本言語文化，日本人の発想ガイダンス

目標：日本の言語文化と日本語の特徴について予備知識をもつ
対象：外国人成人学習者・ビジネスパーソン，日本人大学生・社会人
時間：1時間×1回

3.1.1　外国語としての日本語理解

　成人学習者の場合，外国人でも日本人でも，日本の言語文化・発想とそれに関わる日本語の特徴について，ガイダンスを最初に必ず行うようにしています。

　日本語をゼロから学ぶ外国人の場合は，日本の言語文化と日本語の特徴について英語で1時間ほどの解説をしています。特に日本語と異なる低文脈言語を母語としている人の場合は，日本語が高文脈言語であることをはじめに理解させ，英語直訳調の日本語にならないように予備知識を与えます。その上で，文脈から判断できる場合，主語や目的語を省くことが多い日本語の特性ゆえに，誰のことについて誰に向かって話しているのかを明確にするために接頭語や文末などで敬語表現を使用することを説明するようにしています。このようにすると，初級初期から必要になる親疎関係の「疎」における敬語表現はスムーズに導入できます。たとえば，「問い」と「応答」のうち，「問い」として日本人が外国人によくたずねる「お国はどちらですか」「どちらからいらしたんですか」などの質問に対して，文頭の「お国」「どちら」といったキーワードを理解することで，応答が可能になります。菊地[16]が述べているように，主語であるyouの欠落も，「お」がつくことで誰に対するメッセージかが明確になることを理解させながら，使用に導くことができます。

　さらに，日本語の特徴として，膠着語であること，語順の拘束がゆるいこと，情報の後置性などについて，対象者の背景を考慮したふさわしい例文を選択して概説します。また，日本人の言語行動の特徴として一般的に言われていること，例えば，断りは婉曲的に表現することを好むこと，謝

罪表現を多用すること，文末をよどむ婉曲表現が多いこと，相手への配慮を重んじるための待遇表現が豊かなことなどを，対象者にふさわしい例文を選択して，英語との違いに触れながら解説します。以上のように，日本語の特徴をコミュニケーションの観点からあらかじめ概説しておくだけで，その後の日本語学習への移行はスムーズに行えるようになります。

3.1.2　日本語・日本人への誤解回避

　また，多忙なビジネスパーソンで日本語学習をサバイバルレベルで終えざるを得ない人の場合，日本人とのコミュニケーションは英語に頼ることになります。そのような人の場合，日本人の話す英語が曖昧であることに疑問を持ったり，日本語から英語への同時通訳者を使った時に通訳が他言語よりワンテンポ遅れることについて不満を持ったりすることも少なくありません。実際，日本語能力は挨拶程度である支社長から，「クライアントとの会議の時だけ雇っている同時通訳者の能力が低くて困る。誰かいい人がいたら紹介してほしい」と頼まれた事がありました。彼がどのような点でそう判断したのか，どのような通訳を求めているのかを知るために，ある会議を傍聴させてもらったのですが，同時通訳者の能力を低くみた要因は，結論が文末に置かれる日本語を訳すのに，クライアントの日本人が話し始めてから数秒間，通訳が沈黙していたことにありました。日本語の特質を知らないと，このような誤解が生じます。こういうケースでも，日本語の特徴を概説することで，誤解が解けるようになります。待遇表現教育の目的が円満な人間関係構築と継続であるとすれば，このように日本人とのコミュニケーションで遭遇するいくつかの特徴を予め説明して，予想される摩擦を回避することも，待遇表現教育のひとつであると考えています。

　一方，1で述べたように，日本人でも「あなた」を英語のyouと同様に使用する社会人予備軍がいます。また，彼らは敬語表現に対するアレルギーを激しくもっています。そこで，日本人を対象におこなう待遇表現教育でも，外国人同様に，日本語の特徴を概観することから始めます。日常

無意識に使用している日本語の特性をコミュニケーションの観点からとらえ直すことにより，敬語表現の必要性に気づかせます。他人と良好な関係を構築したいという欲求は彼らも持っていますから，そういう欲求を引き出しながら待遇表現を導入するための，心の準備時間を持たせます。

3.2 理解優先の待遇表現教育

話し手として使用する待遇表現を教える前に，相手の話を聞く時に，言語・非言語両面の待遇表現を観察し，的確に相手の発話意図と内容を理解することがまず必要だと考えています。そこで，受容の感覚を磨くための指導を，話すトレーニングに先駆けて実践しています。その実際を2例紹介します。

3.2.1 接客表現リスニング

目標：待遇表現を含む接客表現のポイントを把握する
対象：来日直後の外国人，外国人初級者
時間：1時間×4回

2.2.1で述べたように，外国人が客の立場で自分の求めているものを得るという行為を達成するためには，店員など接客に携わる人が使用する待遇表現を理解しなければなりません。理解を促進するために，外国人学習者がよく利用するファーストフード店とファミリーレストランにおける店員から客への問いかけの典型例を，短いリスニング教材に仕立てて作成しました。

教材のダイアローグは，筆者の居住区域にあるファーストフード店とファミリーレストラン数件で実際に店員が客に対して発話した実例を収集して作成し，それを筆者と協力者が録音しました。学習目標は，店員の質問を聞いて正確に理解し，自分の要求を相手に伝える前段階までとしました。まず，学習者の要求は，簡単にイラスト化し，トランプサイズの数枚のカードにして学習者に持たせておきます。次に，テープの質問文をきかせ，即座に自分の応答をカードから選択させ，教師にみせるよう指示しま

す。質問文を正確に理解し，自分の要求を正確に選択できたかどうかを教師が１問ずつ判定しながらリスニングを進めていきます。たとえば，席の希望を尋ねる質問文を聞いた場合，禁煙席を希望するなら禁煙マークのイラストカードを選択し，タバコを吸いたいならタバコのイラストカードを選択して教師に提示します。

　この指導では，質問文を構造的に説明して文型を学習するということは避け，質問文の中からキーワードを確実に聞きとって，店員の発話意図を把握することに重点をおきます。

　作成したリスニング教材のダイアローグのサンプルは以下のとおりです。

・ファーストフード店のケース
Ｑ１「ご一緒にポテトはいかがでしょうか」
Ｑ２「フライドポテトが出来立てですが，ご一緒にいかがですか」
Ｑ３「お飲み物はいかがでしょうか」
Ｑ４「ご一緒にお飲み物はいかがでしょうか」
Ｑ５「お飲み物の方はよろしいですか」
Ｑ６「コーヒーにミルクをおつけしますか」
Ｑ７「コーヒーはシュガーとミルクをお使いですか」
Ｑ８「コーヒーはお砂糖の方，おつけしますか」

・ファミリーレストランのケース
Ｑ１「いらっしゃいませ。何名様でしょうか」
Ｑ２「いらっしゃいませ。お一人様ですか」
Ｑ３「おタバコはお吸いになりますか」
Ｑ４「禁煙席をご希望でしょうか」
Ｑ５「お席は喫煙と禁煙とございますが」
Ｑ６「お飲み物の方はいつお持ちしましょうか」
Ｑ７「お飲み物はお食事の後でよろしいですか」
Ｑ８「お飲み物の方，お食事とご一緒にお持ちしますか」

3.2.2　メディアで待遇表現ウォッチング

目標：場・人間関係・表現を観察し意識化を図る（→第Ⅲ章 3.1）
対象：外国人中級以上，日本人大学生対象
時間：90分×3回

　クラスワークで，テレビドラマ・映画・討論会などの録画から言語的な待遇表現が使用されている一場面を見せ，〈どういう場で〉〈どういう立場で〉〈どういう立場の人に対して〉〈どういう発話意図で〉〈どのような気持ちで〉〈どのような言語形式を使って〉発話しているかについて観察させ，ディスカッションをさせることによって，場と人間関係，発話意図と言語形式などの関連性についての意識化を図ります。

　たとえば，『男はつらいよ』で，隣家に住む，義弟が勤めている会社の社長に対して，寅さんが「おい，タコ」などと発話する場面は，教科書で学習する規範からは外れた軽卑語を使用しています。規範的に考えれば，義弟の上司にあたる立場の人に対しては尊敬語で対応するのが一般的ですが，そうなっていないことから二人の関係性について考察させます。

　また，寅さんの叔母や妹のさくらが電話をする場面をいくつか見せ，「あ，○○さん？」のように「あ」から切り出すことに着目させます。この「あ」があることにより，唐突で失礼な印象を相手に与えないですむことに気づかせ，この「あ」も一種の配慮表現であることを解説します。

　同様に「あのう」という話し出し方が，受け手に何かをたずねる時の遠慮や，相手の受け取り間違いや誤解を正すときの遠慮を表す配慮表現であること，「えーとですねえ」「うーん」で始まる発話は，言いにくいことを伝えることが多く，これらが逡巡を表す合図として機能していることなどにも意識を向けさせます。

　また，パラ言語について，『社葬』や『集団左遷』などのビジネス社会を題材にした映画の交渉場面をみせることにより，断りや不都合の発話意図をもつ場合に，特に男性が使用する歯間から息を吸う音などに注意させます。

　さらに，非言語面については，『ヘッドハンター』などのような組織社

会の中でのウチソト関係におけるいくつかの会話場面を見せ，座席の取り方や間の取り方，視線の向け方に現れる待遇表現を抽出させたりします。

3.3　気づきを誘導する発話指導

3.2の実践例は，受容を中心とした実例でしたが，ここでは産出を通して留意する点について，気づきを誘導する指導例を紹介します。

3.3.1　手紙の内容を伝える

目標：呼称・授受表現の変化について気づく
対象：外国人初級後半〜中級
時間：1時間×3回

2.2.3で，授受動詞の補助動詞的な用法を使う待遇表現は外国人にとってむずかしいということを述べました。ここでは，個人あてに届いた手紙文の内容を関係者に伝達するという活動を通して，授受動詞の使用が話し手の立場により変化することに対し気づきを促す目的で実践した例を紹介します。

クラスメートから届いたはがきの内容をクラスメンバーに伝えるという活動のケースでは，旅先のハワイからの絵はがきとして，「ハーイ！私，いまワイキキ。祖母がエアチケット送ってくれたから来ちゃった。こっちはすごく暑いけど，そっちはどう？皆にナッツ買って帰るからね。アロハ！」と書いたはがきを作成しておきます。このはがきをもらった人がクラス全員の前で内容を伝達するという想定で発話させ，「祖母」が「おばあさん」に，「が送ってくれた」が「に送ってもらったそうで」に，「買って帰る」が「買ってきてくれるって」のように，特に誰が恩恵の受け手になるのか，手紙の差出人と読み手，聞き手のウチソト関係はどうか，などについて留意しながら語彙や授受表現の変換を試みさせます。間違えたところや曖昧だった箇所は，発表を聞いていた学習者たちの意見の出し合いを通して修正させていきます。

礼状の例としては，クラスの恩師からの礼状を「皆さん，先日は家内へ

のお見舞いをありがとう。おかげさまで心配してもらった家内の足もだいぶよくなりました。全快まであと一息です…（後略）」のように作成しておき，学習者の一人に内容を伝達させます。この場合は，「家内」「心配してもらった」「よくなりました」などを，師弟関係の立場からどのように変換するのかがポイントになります。

3.3.2　ロールカードを作成させ，演じ合う
目標：待遇表現の学習ポイントに気づく
対象：外国人中級以上
時間：90分×3回

　最低2チームに学習者を分け，それぞれのグループに相手チームに演じさせるロールプレイ用のカードを作成させます。学習者にロールカードを作らせる事により，待遇表現学習上のポイントを意識させることができ，カードの学習ポイントが相手に的確に伝わるかどうかをみさせることで，作成者自身が伝達能力を自己判断することができます。また，それぞれのチームが相手チームのプレイを観察し評価を下すことにより，待遇表現を選択する際に相手チームがいかなるファクターを重視しているのかを把握するトレーニングになります。

　この指導例は，日本と韓国をつなぐ衛星通信を使っての遠隔地教育として実施したものが文化庁の報告書[17]で詳しく報告されています。日本・韓国それぞれの大学の院生にロールカードを作成させたところ，「電車内で大声で携帯電話で話している見知らぬ人を注意する」「公衆電話で長電話している見知らぬ人に，電話の順番を待っている人が注意を促す」「部下が上司から飲みに誘われたのを断る」「初対面で遅刻し，目上に謝る」などが出されました。実際にプレイをしてみると，身体接触，スプーンの使い方などの文化的差異，韓国の絶対敬語と日本の相対敬語の違い，謝罪と断りに関する表現の違いなど，言語文化面での違いが言語的な待遇表現の正誤以上に誤解を生むことに学習者が自分で気づき，教育的効果が認められました。

3.3.3　漫画『島耕作』を使ったモノローグ練習

目標：長いモノローグで「述べる」ことができるようになる（→第Ⅰ章
　　　3.3.3，第Ⅲ章5.2.4）

対象：外国人ビジネスパーソン，日本人大学生・新入社員

時間：90分×5回

　いわゆる平社員から昇進していく主人公・島耕作のシリーズのうち，『部長』編を使用して，「いかに述べるか」をトレーニングする指導例です。

　漫画のストーリーの場面設定をそのまま使って，会議の席で上司にプレゼンテーションをする際の長いモノローグトークの場面で，島耕作のせりふを白抜きにしたコピーを学習者に渡します。白抜き部分のモノローグを，ペアワークで作らせて，全ペアに発表させて互いに批評し合います（→第Ⅲ章5.3.2）。

　また，漫画のストーリーでは口頭で行っている部下や社外との業務に関する会話場面のコピーを渡し，口頭ではなくＥメールで伝える想定にして，文書の作成をペアワークでさせ，提出させ，全文書をコピーして互いに批評し合います。

　プレゼンテーションの聞き手やメールの受け手に敬意を表することにとらわれすぎると，肝心な伝達内容が伝わりにくくなる事に気づかせ，伝えるべき内容を正確に伝える事と丁寧さを表す事のバランスをどのようにとるのがベストかをクラスワークで探らせていきます。

3.3.4　ビジネス日本語ワークショップ

目標：一連の業務の流れの中で待遇表現を使うことができるようになる
　　　（→第Ⅰ章3.4）

対象：外国人大学生，日本人大学生

時間：90分×10〜12回

　これから実社会に出て行く学習者に対する指導例です。ここでは，大学機関で外国人留学生を対象に実践した例の全容を報告します。

授業内容

　学習者全員に各々，所属企業名を自分で決めさせ，各社の営業部の新入社員という身分設定と，それぞれ新規の客先を確保しなければならないという状況を予め設定しました。こうすることにより，新規の会社に電話をし，アポイントメントを取り付ける，訪問して自社製品をPRする，プレゼンテーションの機会を得る，相手の反応をみる，商談する，交渉成立，クレーム処理，といった一連の業務の流れを模擬体験させることができるようにして，90分授業全11回の授業で実施しました。学習者数は19名です。

教材

　市販教科書から必要な箇所を一部コピーしたものと，筆者が必要に応じて作成したハンドアウトを使用しました。一度にすべてを渡すのではなく，毎回，必要なものを必要なタイミングで渡すようにしました。使用した市販教材は以下の通りです。

- 『実用ビジネス日本語』[18]
- 『実用日本語ビジネスマン物語』[19]
- 『商談のための日本語』[20]
- 《Talking Business In Japanese》[21]

90分授業の展開

① 前回の復習…前回と異なったペアと組んでペアワーク。ロールプレイ。
② 今回の場面・状況・役割の意識化。
③ 動機付け…2～3組のペアに②で提示した場面設定でのプレイを即興で演じさせ，観察していた学生に感想を述べさせる。
④ 決まり文句，適切な待遇表現の例文提示…キーセンテンスのみ。
⑤ ペアまたは3人組のグループになり，タスク遂行のためのロールプレイを行う。
⑥ ⑤を各グループ発表。
⑦ フィードバック…必要に応じ適切な表現を紹介する。ここではじめてレジュメを配布する。

⑧　さらに複雑な状況を付加し，④⑤と異なったペアで指名し，即興でロールプレイを演じさせる。
⑨　フィードバック…必要に応じて適切な表現や言い回しを紹介する。

|指導上の留意点|
1) 学習者の受講動機を探るために，授業に先駆け，履修理由のアンケート調査を行い，学習者の目的を把握し，授業計画を立てた。
2) モデルダイアローグをはじめに与えない。まず設定状況に引き込んで演じさせてみることで学習動機を高め，自国の言語行動との違いや共通点を学習者同士で気づかせるよう心がけた。
3) 「いつもお世話になっております」などの慣用句，「いたしかねます」のような婉曲表現は必要なタイミングで紹介した。クレームをつける場合は不備を指摘するのではなく約束の確認という形をとる，反論の場合は質問して意見をきく形をとるなどのストラテジーにも適宜触れた。
4) クラスワークで適切な表現が導き出せなかった場合は，蒲谷・川口・坂本[22]で挙げられている行動・決定権・利益の3要素と力関係に着目して，黒板で図式化しながら解説した。
5) 授業終了後，授業内容についての感想をアンケート調査し，次回への課題点を明確にした。

|レベル別・学習者の不適切な待遇表現使用例|
(ロールプレイを録音し文字化したもの)
・履修者のレベルと人数
J 10（7名）　Pre-Advanced—Mid-Advanced
J 9（3名）　Intermediate—Pre-Advanced
J 8（5名）　Intermediate
J 7（4名）　Mid-Intermediate—Intermediate

タスク例 クラス	紹介者の名前を出し電話でアポをとりつける	価格，納期，納品数の交渉
J 10	＊お話したいと思いましてお電話おかけしました。 ＊また後ほどお電話差し上げます。 ＊もう一度お名前をお聞きしたいのですが。 ＊いつ伺えばよろしいでしょうか。 ＊お名前をもう一度復唱します。 ↓いつ連絡をとれますか。	＊いつまでに納品したらよろしいでしょうか。 ＊まとめて注文してくだされば値引きできます。 ＊細かいことをご相談したいと思います。 ×お配達いたしますので。
J 9	＊お目にかかりたいと思いましてお電話差し上げました。 ＊ご連絡してくださればいつでも伺わせていただきます。	＊あと50お買いくだされば何とか。 ×どうぞお召し上がってください。
J 8	↓日程が詰まっているんです。 ×お相談させていただきたい。 ×お伺いたいと思いまして。 ×よくご存じます。 ×話を伺っていただきたいと思いまして。 ×お意見をお願いします。	↓買いたいと思ってるんですが。 ×ご値段ですが。
J 7	×ご存じますか。 ×そちらにお伺いたいと思いまして。 ×はい，よろしいです。 ×はい，お届けて致します。	×振込みをお使いできます。 ×早くお買い上げなさりたいんでしたら ×これお召し上がってください。

＊：あたかも表現（決定権があたかも相手にあるかのように，利益をあたかも自分が受けるかのようにして丁寧さをあらわす表現）か，恩恵関

係の把握が間違っていた例
↓：待遇表現をしないため，直接的で丁寧さに欠けた例
×：尊敬語と謙譲語の混同などの誤用例

|履修者の学習について|

1)　初回の授業では誤用が続出したが，回を重ねるごとに学習者間で正確な表現を導き出す確率が高くなった。
2)　前掲の表にみられるように，レベルにより誤用の傾向が異なることがわかった。下のレベルでは，尊敬語と謙譲語の混同などの文法的誤用が目立つが，上のレベルでは「あたかも表現」の使用ができていない。中間のレベルでは，成績上位者は基本的な待遇表現の誤用が段階的に減少したが，成績下位者に学習効果が認められなかった。

|学習者の感想概要|

(19名中1名が欠席したため，回答数は18)
1)　授業が「とても役に立った」16名，「役に立った」2名
2)　1)の答えについて，具体的にどんな点でそう思うかの回答（自由記述，複数回答）：「実践的だった」12名，「将来役に立つ」8名，「丁寧な言い方が学習できた」7名，「チャレンジングだった」5名など。
3)　自由感想：「いろんな学生の誤りと先生の訂正をきく機会があったので，自分の弱点を意識できてよかった」など。
4)　改善してほしい点：「人数が多すぎる」4名など。

3.3.5　三者間の伝達ロールプレイ

目標：込み入った関係性の中で待遇表現が適切に使えるようになる（→第Ⅰ章2.2.2）
対象：外国人成人，日本人大学生・新入社員
時間：90分×3回

　間接的な伝達の場合の丁寧さの度合いを考える実践例です。これは，学習者自身が経験し，うまく対処できなかった事例を授業に持ち込み，クラス全員でロールプレイをしてみる方法です。複数のロールプレイからさま

ざまな表現が出ますので，その中から，状況や場，人間関係を考慮して最も適切な話し方をクラスの話し合いを通して選択していくのです。例えば，「社長が発熱し，欠勤する旨の連絡を受けた秘書が上司である部長に伝える」「顧客から受けたクレーム内容を上司に報告する。上司の指示を顧客に伝える」など，込み入った人間関係における伝達が学習のポイントになります。こういう場合，上下関係を意識するあまり，伝達の依頼人に対して丁寧な表現を使用しすぎると，かえって伝達内容が伝わりにくくなることに，話し合いを通して気づかせます。

3.3.6　人間関係維持のためのクッション用語獲得
目標：円満な人間関係を築いて維持するための表現が使えるようになる
対象：地域在住外国人，日本人大学生
時間：90分×5回

　これは，地域在住外国人対象の短期プログラムで，仕事先や地域社会に溶け込むことを目的として，待遇表現の代表的なものを選択し，それらの使用をロールプレイを通して学習させる方法です。選択した表現は，日本人の配偶者として暮らす外国人女性を主人公に作成された「NHKテレビ日本語講座」[23]でも重要表現として取り上げました。例えば，クッションの役割を果たすので「クッション表現」と名づけたものとして，相手への配慮を表す「おかげさまで」「お世話になります/なっています」「今後ともよろしくお願いします」などが挙げられます。これらは，実際に相手から恩恵を受けていなくても，受けているものとして相手に交わす挨拶のため，外国人にはなかなか使いこなせない表現です。

　また，相手の労をねぎらう場合の「わざわざ」なども日常的によく使われていることばですが，相手の行為に使えば相手に対する敬意表現になるものの，自分のした行為に使用したら不遜な印象を与えてしまう表現ですので，注意を要する表現として扱います。さらに，相手に心理的負担をかけない表現方法である「お茶が入りました」「勉強になります」「払わせてください」などについても，文法的な説明に加えて，心的態度を詳しく解

説しながら使用に導きます。

　もともと在住外国人向けの指導内容としてカリキュラムを作成したのですが，日本人の大学生を対象とした敬意表現の学習にも使用できました。

　さらに，文字表現として，レストランのアンケート用紙に感想や要望を自由記述する，カラオケバーのアンケート用紙にクレームを書く，子供の通う保育園の保育士あてに連絡帳を書く，家族が世話になった相手へ礼状を出すなど，現実に暮らしの中で遭遇する例をとりあげて，伝達内容の明確化と表現の丁寧度のバランスをとることに注意を促していきます。

4．今後の待遇表現教育のための課題

　これまでに述べてきましたように，言語形式の変換や固定的な関係性と場面の提示による従来の教育方法では，自信をもって待遇表現を駆使することのできる人間を育成することはむずかしいと思われます。待遇表現の教育には，人間関係や場，状況を正確に把握し，的確に判断する力を育成することが求められています。知識を伝授する方法よりは，むしろ，実践を通して失敗から学び，なぜ不適切だったかを振り返っては次回に活かしていく後知恵重視の方法が必要なのではないでしょうか。

　野村[24]は，「言葉の乱れ」に関する意識調査の結果から，「人々の意識する乱れた言葉遣いとは，主として丁寧さ・端正さや美醜，あるいは対人的なマナーや配慮に関するものであり，正誤について問題とする人は，それより少ない。(中略) 高齢者が年の離れた10代の言葉遣いの中に感じる乱れも，若者言葉や文法的な逸脱より，乱暴さや言語行動のモラルなどに関するものが中心となっている」と述べています。

　この意識調査結果は，待遇表現教育に象徴される今後のコミュニケーション教育が，文法的な規範を追い求めるだけでは不十分であること，また，マナーやモラルといった語彙に内包される非言語面の丁寧さを重要視していくことが必要であることを示唆しているのではないでしょうか。

第III章

ビジネス場面に対応する敬語表現
—— 習得を促すアプローチの方法

1. ビジネスパーソンの「敬語」認識

　本章の対象とする学習者は，おもに外資系企業で日本企業を顧客としたビジネスに従事するビジネスパーソンです。その要望は仕事で使える日本語の習得で，「敬語を含む待遇表現の習得」は重要な学習項目になります。

　希望する授業内容には「敬語」があげられることが多いのですが，ほとんどの学習者の「敬語」についての認識は，「目に見える」「耳に聞こえる」範囲にとどまります。また，「敬語」よりもビジネスの内容部分を正確に伝えることが優先とされることもあります。実際に，学習者のビジネスの相手や上司・同僚など「外国語として日本語を話すビジネスパーソン」と仕事をする機会が多い人たちからは，「敬語ができるかどうかより，状況の把握ができているかどうか，話の内容が正確に理解されているかどうかの方が，ずっと重要だ」という意見をよく聞きます。

　ここで，留意すべきことが二つあります。一つは，学習者やその周囲の日本語母語話者の「敬語」についての理解が「狭義の敬語」であることが多く，「敬語を含む待遇表現の理解なしには日本語を正確に理解できない」ことが意識されていない可能性が高いことです。もう一つは，学習者が話し手として選択する敬語表現が適切であったかどうかの判断をくだすのは，周囲の日本語母語話者，つまり学習者のビジネスの相手や上司・同僚であることです。そして，周囲の日本語母語話者が「待遇表現の重要性」に気

づいていないとしても，学習者の日本語表現に不備があると判定する根拠は「不適切な待遇表現の運用」である場合が多いのです。

> **ポイント**
> ・学習者やその周囲の日本語母語話者の「敬語」についての理解は「狭義の敬語」にとどまることが多い。
> ・学習者の待遇表現の運用が適切かどうかを判断するのは，学習者とビジネス場面を共有する周囲の日本語母語話者である。
> ・多くの場合，学習者の周囲の日本語母語話者が学習者の日本語力を判定する材料は「待遇表現」が適切かどうかである。
> ● ビジネスパーソンの「敬語」認識 ●

2. アプローチの基本方針

　学習者の到達目標は，「学習者自身が既に英語等の言語で達成しているビジネスを日本語でこなすこと」であることを念頭において授業を組み立てます。

　敬語表現に関しては，まず，敬語語句の意味と形の正確な理解が必要です。その上で，状況設定を明らかにした会話の流れの中で，敬語表現の運用を目指していきます。アプローチの基本方針は以下のとおりです。

2.1　学習者が既に持っている待遇表現の力を，日本語で発揮させること

　学習者は，日本語学習においては学習者ですが，英語等の言語でビジネスを遂行する力を持つ社会人です。したがって，学習者は既にビジネス場面で「場」や「人間関係」を捉える各自の「待遇表現運用基準の枠組み」を持っています（→第Ⅴ章 2.2.3）。その枠組みを尊重し，その枠組みに照

らした日本語のビジネス場面の観察を通して，学習者自身が日本語の待遇表現の運用基準を構築することを促していきます。

2.2 受信を先行させた授業の組み立て

ビジネス場面に対応するためには，まず事実関係を理解し状況を把握することが必要です。そのためには，「場」や「人間関係」等を正確に掌握し，待遇表現を理解することが不可欠です。会話展開の方法も，日本語のビジネス場面の理解に欠かせない情報です。

そこで，学習者が自身で状況を判断し表現を選択する「発話」を求める前に，会話例の観察・分析を含む「受信(理解)」を先行させて授業を組み立てます。観察・分析の視点は「いつ，どこで，誰が，誰に，何を，何のために」「どのように」話しているか，におきます(→第Ⅰ章1.5，第Ⅱ章3.2)。

2.3 学習者の不利益や失敗の回避

全般にわたって優先するのは，学習者の不利益や失敗の回避です。

学習者が話し手となる場合には，「聞き手に学習者の発話意図が理解されること」が最優先課題です。「聞き手に理解してもらえる発音」「聞き手の理解を妨げない発音」を目標に学習者の発音や誤用の傾向などを勘案し，「聞き手に理解されやすい表現」を選択します。

学習者が聞き手となる場合には，相手の話し方の特徴を聞き分けることが必要です。日本語母語話者の使用する日本語には，個人差があります。この差を標準からの隔たり，「偏差」と呼ぶことにすると，「日本語の偏差」は発音にも，語句の選択にも，敬語表現に対する評価基準にもあります。学習者には，「相手の使用する日本語の偏差に気づき，対応する幅を持つこと」が要求されます。

学習者の属する狭義の「ビジネス社会」で頻繁に使用される敬語表現が「一般社会」では誤用と捉えられることがないとは言えません。教師は，この「ダブルスタンダード」を適切に解説し，学習者が許容できるように配慮する役割を担います。

> **ポイント**
> ・学習者が各自の「待遇表現運用基準の枠組み」に照らした日本語の待遇表現の運用基準を構築することを促す。
> ・受信(理解)を先行させて授業を組み立てる。
> ・学習者の不利益や失敗を回避する。
>
> ● アプローチの基本方針 ●

3. アプローチの方法

　学習者が直面する個別の状況には，使用語彙や表現についても，待遇表現の選択の基準についても，学習者自身の属する「ビジネス社会」による差があります。

　また，学習者と専門分野を異にする教師が，どこまでビジネス場面の日本語の指導にあたれるのか，その限界を考慮しておかなければなりません。教師は，日本語を外国語として教えることの専門家ではありますが，学習者が目標とするビジネス場面の全てを共有することはできません。授業と現実場面をつなぐのは，日本語授業の当事者であると同時に実際のビジネス場面に接している学習者自身です。

　ビジネスの専門家である学習者は，日本語のビジネス場面の状況理解が早く，その多くが敬語表現の学習に意欲的です。また，ほとんどの学習者がビジネスレベルの英語力を身に付けているので，媒介語として英語を使った教材の活用で効率的な授業を提供することが可能です。学習者の周囲には実際の日本語のビジネス場面があり，到達目標を身近に観察することもできます。

　ただし，業務が学習に優先され，まとまった学習時間の確保が難しい例が多いので，短期間(10時間程度)の目標を設定し，その達成を積み重ねていくことが必要になります。敬語表現についても，教師は体系的に捉え

た「基本的な枠組み」(→第Ⅰ章2.1)を常に念頭において全体像を把握した上で，学習者に「最も負担が少なく，効果が期待できる方法」で紹介していかなければなりません。そこで，使用場面の理解から発話につなげていく，次のような方法をとっています。

3.1 会話の観察：こんなとき⇔こう言っている

「こんなとき」の部分は会話の背景ですから，実際の場面では言語化されません。実際の会話に現れるのは，「こう言っている」の部分だけです。「こんなとき」つまり，「いつ，どこで，誰が，誰に，何を，何のために」話しているのかを適宜確認し，そのときに「どのように」話しているか，「こう言っている」にあたる部分の理解を促していきます。

初級段階から実際の会話を意識的に観察するように働きかけます。まず，対象を絞った実際場面の観察から始めます。「こんなとき」の部分を「同僚が電話に出るとき/切るとき」「訪問先の受付で案内を請うとき」など具体的に提示して，「こう言っている」の部分を聞き取り，授業で報告することを課します。

また，実際のビジネス場面の会話を理解し，そこに参加するための下地作りとして，必要に応じてビジネス場面を取り上げた会話例の観察や分析を授業に取り入れています(→第Ⅱ章3.2.2)。対象とする会話例には，教科書の会話例(会話展開がビジネス場面に応用できるもの)，対談やインタビューの記事，記者会見や討論会を収録したテレビ番組，講演等のテープやビデオ・DVD，Web上に公開される企業の情報などがあります。文字化された会話のシナリオや音声資料，入手可能であれば翻訳などを用いて「表記・発音・意味」の一致を図り，さらに話し手の「選択した表現・人間関係・場」の総合的な把握を促します。

観察を主眼とすることで，学習者と教師が当事者とならずに会話を観察することができますし，学習者の使用できる日本語のレベルよりも高いレベルの会話例を教材にすることも可能になります。ここで場面理解の幅を広げていくのにあわせて，次項3.2にあげる「場面依存度の高い表現」と

して導入できる敬語表現を拡充することもできます。

　ただし，文字化や編集を施された会話は，実際の会話とは違います。限られた紙幅や時間で紹介するために，ほとんどの場合，話し手と聞き手のやりとりの部分が整理されて紹介されています。誰を読み手や聞き手に想定し，何を目的として発表されているのか，著者や編集者の意図を充分理解し，学習段階に応じて授業に組み入れることが必要です(→第Ⅱ章2.2.2)。

　学習者自身が「こんなとき」を把握し「こう言っている」の部分が確認できるようになったら，「こう言っている」の部分から「こんなとき」を類推することを促します。ビジネスの専門家である学習者は，かなり早い段階で自主的に観察を始め，その結果を教師に報告し解説や意見を求めるようになります。時機をみて，はっきりと言語化されない部分のニュアンスをつかむ，間接的な表現から真意を推し量る，建前から本音をさぐる，等の紹介を試みます。

3.2　場面依存度の高い表現の導入：こんなとき⇒こう言う(1)

　初級段階から授業に取り込むことができる「初対面や訪問時の挨拶」「電話応対」など場面依存度の高い表現は，発音練習も含めたシナリオ・ドラマで反射的に使えるように指導します。敬語表現には特殊拍を含む比較的長い語句も多いので，口頭練習で口慣らしを充分にしてから場面練習に移行します。

　「こんなとき」に対応する「こう言う」表現は一つとは限りませんが，学習者ごとに最も使用頻度が高く無難な表現を選択して，授業が終わるとすぐに実際に使用できるように工夫します。名刺交換や資料の授受など，物品の受け渡しを含む場面では，発話にともなう動作(「待遇行動」)についても学習者の注意を喚起して練習します。

　学習段階によって対応できる場面は限定されますが，学習者の日常業務で頻繁に遭遇する場面を優先して紹介します。このとき，学習の段階にかかわらず(簡単な表現で代用させずに)，その場に見合った表現の紹介を試

みます。日本語でこなす部分は学習者の社会人としての立場に見合ったレベルで話し、日本語でできない部分は英語等に切り替える、という実際的な対応をとることが、学習者の学習意欲を向上させることにつながります。

3.3　想定場面練習：こんなとき⇒こう言う(2)

　学習者主導で場面を設定した想定場面練習で、発話を促します。会話展開を支える定型表現を活用しつつ、学習者が言いたいことを適切な待遇表現を選択して発話することが目標です。ビジネス場面をとりあげた教科書等から会話展開を支える定型表現を取り出して「会話展開の枠」を作り、新聞雑誌やWeb上で得た情報を「会話の内容」にして、想定場面練習をします。

　学習者が話し手として関与するプレゼンテーションの説明部分などは、実際のビジネス場面でも準備段階に行われるので、シミュレーションとして授業の中に取り込むことが比較的容易です。

　一方、質疑応答や討議等では、学習者が話し手と聞き手を同時にこなすことが要求されます。この場合は、まず学習者と教師が話し合いながら、想定質問と回答を準備します。つづいて、討議の流れを予想して応答を検討した上で、想定場面練習を行います。会話の往復を一方の当事者が想定することは不自然ではありますが、学習者にはさほど違和感なく受け入れられます。想定問答の作成がビジネス上の交渉準備過程等でよく用いられる方法だからだと思います。個人授業の場合は、教師が仮想の相手となって想定場面練習を行い録音・再生して検討する方法をとります。クラス授業では、学習者間での想定場面練習や、学習者グループ対教師の想定場面練習をします。

　敬語表現の指導では、定型表現を使用した「会話展開の枠」を指導の主項目とすることが多いのですが、内容に興味がもてないと、想定場面が色褪せます。現実性のある場面が設定され、学習者が思わず日本語授業だということを忘れて会話に夢中になった時に、最も学習効果が期待できます。

　しかし一方で、話題が学習者の業務内容に近づけば近づくほど、現実性

を追求しつつ虚構を守ることも必要です。教師の関与する話題の範囲は，新聞や報道番組等で一般に供される部分に留め，授業内容から知り得た情報の取り扱い，教師の守秘義務についても充分留意する必要があります。

> ポイント
> ・授業と現実場面をつなぐのは，日本語授業の当事者であると同時に実際のビジネス場面に接している学習者自身である。
> ・会話の観察や分析によって，理解力を高める。
> ・場面依存度の高い表現から導入して，敬語表現の使用に自信を持たせる。
> ・学習者主導で場面を設定した想定場面練習で，学習者自身が当事者となるビジネス場面のシミュレーションを行う。
> ● アプローチの方法 ●

4. 達成目標の設定

「何ができるようになりたいのか」そして，「どのようにできるようになりたいのか」を学習者に取材したうえで，授業計画について教師の考えを提案し，話し合って目標を設定します。

まず，「ビジネス場面」を大きく以下の三つに分けて提示し，業務上の必要性，既に日本語で行っていること，これから強化したいこと，などを確認して，何を目標にするかを聞きます。

①情報の収集(受信)：問い合わせ，講演等の聴き取り，インタビューなど
②情報の伝達(発信)：紹介，説明，報告，プレゼンテーションなど
③情報の交換(やりとり)：面会の日程や取引条件の調整，会議や討議への参加など

次に，以下のような項目について検討します。

・情報の質と量：日常的か特殊か，簡単か複雑か，多いか少ないか

- 当事者間の利害関係や意向：買い手か売り手か，利益の受け手か与え手か，好意的に受け入れようとしているか拒否しようとしているか
- リソースの活用：準備期間があるか，周囲の支援を受けることができるか

そして，設定した目標の達成に向けて，語句や定型表現の適切な発音と意味機能の理解，自力で生成する内容部分の構築，社会言語的な配慮などを具体的な学習項目に，前節3にあげたアプローチの方法を適宜使用して授業を組み立てます。

なお，上記のようにして設定した目標は，口頭で確認するだけで授業を始めることもありますが，できるだけ「何が，どのようにできるか」の形式で記述することを試みています[25]。記述することによって，授業の当事者(学習者と教師)間で目標が明示的に共有できますし，当事者と周辺の第三者(学習者の所属先の人事担当者や担当以外の教師など)の間で，目標設定や達成の評価についての意見交換がしやすくなります。

> ポイント
> - 達成目標は，学習者に取材して設定する。
> - 達成目標は，情報の授受(「受信」「発信」「やりとり」)のどの部分に重点をおくか，情報の質と量，当事者間の利害関係や意向，リソース活用が可能かどうか，などを考慮して設定する。
> - 達成目標を「何が，どのようにできるか」として記述し，学習者と教師の間で明示的に共有する。
>
> ● 達成目標の設定 ●

5. アプローチの例

前述「3.アプローチの方法」の実践例を紹介します。3にあげた三つの

第Ⅲ章　ビジネス場面に対応する敬語表現——87

アプローチの方法は，それぞれを個別に実践することもありますが，多くの場合「会話の観察から，場面依存度の高い表現を導入する」「モデルとなる会話例等を参考に，想定場面練習をする」というように組み合わせて授業を組み立てます。

以下，5.1に「3.1会話の観察」に重きをおいたクラス授業（短期留学生対象）と個人授業を各1例，5.2に「3.2場面依存度の高い表現の導入」を中心とした個人授業を6例，5.3に「3.3想定場面練習」の個人授業5例を紹介します。各例は，同内容の複数の実施事例を総合して記述したものです。直接敬語表現にかかわる部分を下線で示します。

各項の初めに，紹介する例の「背景情報」（クラス授業では「コース概要」），課題への学習者（クラス授業では「対象学習者」）の「対応能力（当時の日本語力を含む）」，当該部分の「所要時間」や「設定目標」を示し，次に「①，②，③…」で手順を紹介します。手順の記述中，特に行為の主体を明記しない（「教師が，…」等の記述のない）箇所は，教師が補佐して学習者が行います。

5.1　「会話の観察：こんなとき⇔こう言っている」の例

学習者が自身で状況を判断し表現を選択する「発話」を求める前に，会話の観察・分析を含む「受信（理解）」を組み入れた授業の例です（→第Ⅱ章3.2）。観察の視点は，「いつ，どこで，誰が，誰に，何を，何のために」「どのように」話しているか，に置きます。

ビジネス経験の少ない学習者に「周囲で敬語表現を聞くのはいつ，どんな所か」と質問すると，頻度の高い返答は「ファーストフード店で注文をするとき」「コンビニ買い物の精算をするとき」「駅のアナウンス」の三つです。「敬語」は非常に改まった状況で使われるのだ，と思って来日したら，ファーストフード店で使われているのに驚いたという感想も聞きますので，その「意外性」で記憶に残るのかもしれません。実際には，ほかにも敬語表現を耳にする機会があるはずですが，意識的に観察しないと，目や耳に入らないことが多いようです。

「会話例の観察」の後で同様の質問をすると，「電話の初めと終わり」「報道番組のインタビュアーの話し方」「同じ会議でも，部長が出席すると，同僚の話し方に敬語が増える」「社内の掲示」など，返答の範囲が広がります。また，シナリオを文字と音声で認識することで，「『新たに』を『あたらに』だと思っていた」，「『いただけませんか』を『いただきませんか』と言っていたのに周囲には気づかれなかった」といった「誤用の気づき」を複数の学習者から聞きます。

また，「実際の会話の観察」の後で感想を聞くと「『お願いします・お願いいたします・お願い申し上げます』と3段階に丁寧度が増すようだから，『申し上げます』は『します』の『2段階丁寧な謙譲語』」という意見も出ます。「させていだだく」が「さしていたあく」と聞こえることが多いことも観察しています。資料を読み上げる形式の「説明会」の観察では，読み誤りや言い誤りを修復する様子や，資料の誤りを訂正する際の敬語表現なども聞き取っています。

観察を中心とした授業は，学習者の日本語力に幅があるクラス授業に対応しやすい，といった長所もあります。ただし，理解を中心とした授業は，すぐに「何かができるようになった」と感じさせる即効性が稀薄です。学習目標を明確にして，学習者の興味を引き，忍耐力を推し量りながら進めることが大切です。

5.1.1　教科書の会話の観察

コース概要：2〜6人の教師が分担して担当(当該授業は一人の教師が担当)した少人数(6〜10名)クラス授業。「ビジネス日本語」入門段階としての合計40〜50時間のコース，当該授業は，学生自身の立場での「自己紹介」，授業に遅刻する等の報告をする「電話」をロールプレイのテーマとして取り上げた後行った（この後，5〜10日の企業体験がコースに設定されている）。

対象学習者：短期留学中の大学生。北米やアジアの大学で1〜3年の日本

語学習経験(初級半ばから中級の後半まで)があり，専攻は日本語・国際関係・マーケティング・電気工学など幅広く，全員が英語を解し，半数は中国語も話す。

所要時間：合計約5時間

設定目標：<u>教科書の会話に紹介される敬語表現を，教科書の解説や英訳等を利用して，音声と文字化情報を併せて受信し，「いつ，どこで，誰が，誰に，何を，何のために」「どのように」使用しているのかを聞き取ることができる。紹介された会話と同様または類似の場面であれば，相手の敬語表現を聞き取り，「です・ます」体で応対することができる。</u>

使用教材：初級教科書《Japanese for Busy People II, III》[26]とCD，中上級ビジネスパーソン向け教科書《Japanese for Professionals》[27]と教師が準備したテープ(「同書の会話をビジネス経験がある日本語母語話者によってシナリオ・ドラマ化し録音したもの)

使用機器：CD・テープ再生機

① 初級教科書《Japanese for Busy People II, III》から，<u>敬語表現が含まれる会話例を取り出して，敬語表現の「表記・発音・意味」を確認する。</u>

② 初級教科書《Japanese for Busy People II, III》から，<u>会話展開がビジネスコミュニケーションにも応用できる会話を取り出して，英語訳と対照し，表現方法の異同を観察する。</u>

③ <u>顧客の立場で，店員や係員の使用する敬語表現を聞き取り，学習者が「です・ます」体で話す状況の会話でシナリオ・ドラマを行う。</u>

④ ③と同様の場面でロールプレイ。

⑤ 中上級教科書《Japanese for Professionals》から，会話の中で使用される自己紹介と電話応対の定型表現を取り出して，<u>敬語表現の「表記・発音・意味」を確認する。</u>

⑥ 中上級教科書《Japanese for Professionals》から，会話の中で使用

される場面依存度の高い敬語表現を取り出して，英語訳と対照し，表現方法の異同を観察する。
⑦　⑥で観察した会話の聴解(教師が準備した，会話をシナリオ・ドラマ化し録音したものを教材として使用)。
⑧　⑥⑦について学習者間で意見や感想を交換する。

5.1.2　ネット・カンファレンスの聞き取り

背景情報：1時間/回，1回/週，個人授業。10時間経過した時点で当該授業を組み入れた。

対応能力：学生時代に日本語を学習し，日本企業でのインターンシップの経験があった。業務は基本的に英語で行うが，日本語で行われる会議出席や，顧客とEメールや電話で(日本語で)連絡を取る機会がある。財務諸表各項目の日本語表記・発音・意味を確認する授業の後，読解力に比して会話力が不足するとの自己申告で，聴解から発話に移行するアプローチを選択した。

所要時間：1時間×8回，合計8時間(ほかに自習時間あり)

設定目標：(敬語表現が多用される)企業の業績発表と質疑応答を聞き取ることができる。

使用教材：Web上に公開される企業情報(業績発表に関する「ネット・カンファレンス」)

使用機器：Webに接続したPC

①　当該企業のWeb情報の日英両方のページで，直近の財務状況，話題の商品を確認する。
②　Web上に公開された「ネット・カンファレンス」資料の読解(予習して，教師に不明点を質問する形式で行う)。
③　資料を見ながら，「ネット・カンファレンス」の企業発表部分を聞く(予習したうえで，教師と一緒に聞く)。
④　教師が敬語表現の使用部分について解説する。
⑤　聞き取りにくい部分は何度か聞きなおして文字化する。

⑥ 再度,「ネット・カンファレンス」の企業発表部分を聞く。
⑦ 質疑応答部分の聴解,③〜⑤と同様に展開する。
⑧ 教師が発表や質問に使われた敬語表現を含む定型表現を取り出して文字化し,整理して紹介する。
⑨ 発表や質問に使われた敬語表現を含む定型表現に集中してもう一度聞く。
⑩ 関心を持った箇所を繰り返し聞き,敬語表現を分析的に観察する。

5.2 「場面依存度の高い表現の導入:こんなとき⇒こう言う(1)」を中心にした例

「場面依存度の高い表現」は,「場」の決定要因が多く「人間関係」の関与が少ない「場面」で使用される表現で,敬語表現に慣れるのに有効です。また,会話相手の発話内容がほぼ固定化されているので,応答に自信を持たせることができます。フィードバックの折には,成功した箇所を強調し,できるだけ達成感を与えるように心がけます。

5.2.1 見学コースの予約

背景情報:3人の教師が分担して担当(当該授業は一人の教師が担当)した個人授業。来日直後着任前の集中授業で4時間/回,4回/週,合計40時間,当該授業は約30時間経過した時点で行った。

所要時間:4時間×1回

対応能力:初級教科書を終了し,積極的な発話が見られないものの文型や語句は確実に理解していた。Web上の情報検索が巧みで,未習語彙に捉われることなく,類推し理解することができた。

設定目標:電話で,企業や機関の一般開放見学コースに,予期可能な係員の質問に答えて申し込みができる。係員の敬語表現を聞き取り,定型表現や「です・ます」体を用いて適切に返答できる。

使用教材:Web上の日本語情報

使用機器:Webに接続したPC,電話,録音機器

① Web 上の辞書を使って，見学先のホームページの日本語情報から，見学可能日時・場所・申し込み方法を読み取る。
② 申し込み時に伝える内容(名前・所属・連絡先など)を口頭で練習する。
③ 想定される会話のシナリオを作成する。
④ シナリオ・ドラマ：教師が係員役になり，口慣らしをする。
⑤ 教師が，<u>係員の質問部分を「敬語表現を用いた言い方」で紹介する</u>。
⑥ 場面練習：学習者が係員(教師)に電話で問い合わせ，申し込む設定で行い，これを録音，聞き取れなかったところ，適切な応答ができなかったところについて検討する。
⑦ 実際に電話をして，<u>係員の敬語表現を聞き取り，見学コースの予約をする</u>(必要であれば，途中で教師が最低限の支援をして，予約を完了する)。

5.2.2 電話の取り次ぎ

背景情報：1 時間/回，2 回/週，中断をはさんで約 2 年継続した個人授業。当該授業は約 50 時間経過した時点で行った。

対応能力：初級教科書をほぼ終了，中心業務は英語で，周辺業務や日常会話は不足部分を英語で補い，ほぼ日本語でこなしていた。

所要時間：約 30 分〜1 時間×8 回，合計 6 時間

設定目標：席を外している上司や同僚に宛てた電話に適切に応対できる。<u>電話の定型表現としての敬語表現を用いて応対し，相手の敬語表現を聞き取り，敬語表現を含む定型表現や「です・ます」体を用いて適切に返答できる</u>。

使用教材：中上級ビジネスパーソン向け教科書《Japanese for Professionals》の電話応対場面，実際に職場で使用している電話メモ用箋

使用機器：録音機器

① 取引先企業名，業務関連企業名，上司・同僚の名前等，聞き取りの可能性がある固有名詞を文字化する。

第Ⅲ章　ビジネス場面に対応する敬語表現——93

② 教師が間やイントネーションを様々にかえて発音した固有名詞の聞き取り練習をする。
③ 実際に職場で使用している電話メモに，固有名詞を記号化(実用に即して，「銀行」を「B/K」とするなど)して記入する練習をする。
④ 教科書《Japanese for Professionals》の電話応対場面の読解・聴解。<u>定型表現に使用される敬語表現を理解し，発音を確認する。</u>
⑤ ④を利用して，伝言内容(電話があったことを伝える，戻り次第こちらから電話をかける，再度相手からの電話がある，具体的な伝言内容を聞き取る)ごとにシナリオを作成する。教師が，<u>学習者の発話部分に，正確に運用できる範囲を考慮して敬語表現を導入する。</u>
⑥ シナリオ・ドラマ：教師が電話の相手役になり，学習者に自信を持たせるように話し方を調整して進める。
⑦ 場面練習：学習者が取引先等(教師)から電話を受け応対する設定で行い，録音する。
⑧ メモが取れたかどうか，<u>敬語表現が聞き取れたかどうか，適切に使えたかどうか，</u>教師と話し合いながら検討し，<u>実際場面での運用につなげる。</u>

5.2.3　見舞いや賞賛を述べる

背景情報：2人の教師が分担して担当(当該授業は一人の教師が担当)した個人授業。4時間/回，3回/週，合計60時間の集中授業コース，約40時間経過時点で行った。
対応能力：専門分野の語彙拡充のための読解やTVニュースの聴解等を学習中。2度目の勤務で来日，日常会話をこなす日本語力がある。
所要時間：2時間×2回，合計4時間
設定目標：災害や事故に対する見舞い，国際的な競技会での好成績を賞賛する，などの短い社交的な会話が<u>適切な敬語表現を用いて展開できる。また，見舞いや賞賛を受けた場合に，適切な返答，返</u>

礼ができる。
使用教材：日本地図，災害や事故のニュース，近く開催される予定の競技会を特集した新聞記事
使用機器：Webに接続したPC

① 日本地図で，主な都市名など固有名詞の読み方を確認する。
② 災害や事故のニュースの聴解。
③ 教師が，適切な敬語・待遇表現を使った見舞いの表現を定型化して紹介する。
④ ③で紹介された表現に，実際の内容を取り入れて文字化し，口頭練習をする。
⑤ 場面練習(1)：学習者が，会話相手(教師)に見舞いを述べる設定で行い，教師が適切な敬語・待遇表現を使った「見舞いへの返礼の表現」を定型化して紹介する。
⑥ 場面練習(2)：会話相手(教師)が，学習者に見舞いを述べる設定で行う。
⑦ 近く開催される予定の競技会を特集した新聞記事の読解，競技の呼び方，有望選手の名前の発音などを確認する。
⑧ 教師が適切な敬語・待遇表現を使った「競技の結果について述べる表現」を定型化して紹介する。
⑨ ⑧で紹介された表現に，実際の内容を取り入れて文字化し，口頭練習をする。
⑩ 場面練習(3)：学習者が，会話相手(教師)に競技の結果について，誉める，喜びを伝える，残念だったことを話す設定で行い，教師が適切な敬語・待遇表現を使った返答を定型化して紹介する。
⑪ 場面練習(4)：会話相手(教師)が，学習者に競技の結果について，誉める，喜びを伝える，残念だったことを話す設定で行う。

5.2.4 プレゼンテーション(プレゼンテーション用ソフトを利用して)

背景情報：1.5時間/回，1回/週，50週合計75時間の個人授業で，専門

　　　　　分野の雑誌等の読解で語彙の拡充，担当職務の説明等を学習し，
　　　　　60時間経過した時点で，最終学習項目として行った。
対応能力：学生時代に1年の日本留学と日本企業でのインターンシップの
　　　　　経験があり，上記の学習期間中に日本語能力試験1級合格。日
　　　　　常会話はほぼ日本語でこなし，業務は日本語話者とペアを組む
　　　　　形で助けを借りるなどして日本語で行っていた。プレゼンテー
　　　　　ション用ソフトや，そこに情報を取り込む技術に習熟していた
　　　　　が，業務上のプレゼンテーションの経験は（英語でも）なかった。
所要時間：1.5時間×10回，合計15時間
設定目標：周囲の日本語話者の助けを借りることができれば，事前の資料
　　　　　を独力で準備でき，聞き手に大きな負担をかけることなく，好
　　　　　意的な相手に自社の製品を紹介する（敬語を含む定型表現を効
　　　　　果的に使用し，内容部分は「です・ます」体で構築した）プレ
　　　　　ゼンテーションができる。
使用教材：中上級ビジネスパーソン向け教科書《Japanese for Professionals》から取り出した表現，専門分野の雑誌記事（プレゼンテーション先に設定した企業の紹介），自社製品のパンフレット
使用機器：Webに接続し，プレゼンテーション・ソフトに対応したPC，
　　　　　録音機器
① 「プレゼンテーション先」に設定した企業の紹介記事，自社製品のパンフレットの読解。
② プレゼンテーションの構成を検討する。
③ プレゼンテーション用ソフトを利用して，スライドのレイアウトを選択，決定する。
④ スライドの目次を作成する。
⑤ ①から，必要部分を引用する。
⑥ 不足情報をWeb上で検索，読解，引用する。
⑦ 表や図を含むスライドを作成する。

⑧ スライドごとに，話す内容のメモを作成する。
⑨ スライドごとに口頭発表練習，教師が発音修正，教師の助言を受けて，聞き取られやすい表現への変更をする。
⑩ 場面練習(1)：内容部分のプレゼンテーションを実施，録音，検討する。
⑪ 検討結果を改善して，発表内容を改良，話す内容のメモ最終版を作成する。
⑫ 教科書《Japanese for Professionals》からプレゼンテーションの定型表現を取り出し，メモに追加する。
⑬ 場面練習(2)：<u>初め，途中，終わりの挨拶等定型表現(お時間をいただきありがとうございます/ました，表1をご覧ください，ご承知の通り，等)を含めたプレゼンテーションを実施，録音する。</u>
⑭ 教師が「うまくいった点」を中心に批評をした後，最小限の留意事項を指摘し，(同僚の助けが借りられる環境下で)実際場面への応用を促す。

5.2.5　講演会の司会

背景情報：1時間/回，1回/週，中断をはさんで約4年継続した個人授業。当該授業は約100時間経過した時点で行った。

対応能力：日本留学経験があり，日本企業に2年勤務した後，外資系企業の日本法人に転職して上記の授業を開始。中心業務は日英両方で，周辺業務や，同僚との交際はすべて日本語で行っていた。設定目標にあげた「司会」は，当時の学習者の業務範囲ではなかったが，今後の業務範囲拡大の準備として取り上げた。当学習期間中にJETROビジネス日本語テスト 聴読解テストレベルⅠ(当時)に合格。

所要時間：1時間×5回，合計5時間

設定目標：講演会の主催企業に所属する司会者として，<u>聴衆に対する挨拶と社内外の講演者の紹介が適切にできる。</u>

第Ⅲ章　ビジネス場面に対応する敬語表現——97

使用教材：専門雑誌の特集記事リード部分，他企業主催講演会のテープ
使用機器：録音機器
① 他企業主催講演会テープの聴解。司会の挨拶や講師の紹介部分を対象に敬語表現の使用を観察し，学習者自身が適切と判断した表現を選択し書き出す。
② 専門雑誌の特集記事リード部分の読解。特集のテーマ設定理由と寄稿者紹介の部分を対象に敬語表現使用の観察と，書きことばから話しことばへの変換をする。
③ 聴衆に対する挨拶と社内外の講演者の紹介に適切な敬語表現を選択して，講演会冒頭の司会(挨拶と講師紹介)の草稿を(自習時間に)作成し，教師の助言を受けて完成する。
④ 場面練習(1)：講演会の主催者側として，聴衆に挨拶し，社内外の講師を紹介する，という設定で行い，発音等の不適切な点について，教師が若干の修正を提案する。
⑤ 場面練習(2)：④と同様の設定で行い，録音する。録音資料は，(発音指導に利用することもできるが，この場合は①～③に重きをおき，)教材とはせずに「学習の成果の記録」とする。

5.2.6　報道発表を確認するインタビュー

背景情報：1時間/回，1回/週，中断をはさんで約1年半継続した個人授業。当該授業は，専門分野の語彙拡充を図り，読解中心に行った授業の中で，学習語彙を発話に結びつけるために，約40時間経過した時点で行った。
対応能力：業務の一部は日本語で行い，顧客とのEメールや電話の連絡，日常会話は日本語で行っていた。日本語でインタビューする経験はなかった。新聞の報道記事は，教師が背景情報を補えば，自力で内容を理解することができた。
所要時間：1時間×4回，合計4時間
設定目標：事前の準備があれば，新聞記事を読んで興味を持った話題につ

いて，定型表現を活用して専門家にインタビューをすることができる。定型化された敬語表現を使用して，質問や確認ができる。

使用教材：中上級ビジネスパーソン向け教科書《Japanese for Professionals》のインタビュー場面，「公示地価」に関する新聞記事

使用機器：録音機器

① 教科書のインタビュー場面(《Japanese for Professionals》第9課「情報収集―今年の見通し」を使用)に紹介されている定型表現を参考に，以下のように「会話展開の枠」を図式化する。

```
(A)  挨拶，自己紹介，依頼，
     質問の切り出し

(B)  質問，              ⇔   (C)
     聞き返し，                意見を述べる
     確認

(D)  インタビューの終結，
     お礼，挨拶
```

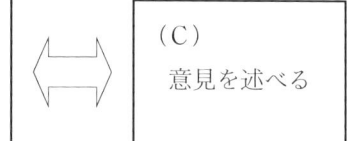

② 教科書から図中の(A)～(D)にあてはまる，「挨拶」「質問」「意見を述べる」等の定型表現を取り出す。
　・このたびは，貴重なお時間をいただきましてありがとうございます。(A)
　・［会社名］の［名前］と申します。どうぞよろしくお願いします。(A)
　・早速ですが，本日は…につきまして，ご意見をお聞きしたいと思います。(A/B)

- …と思います/かと思います。(C)
- …については，どうお考えでしょうか/どう思われますか/いかがでしょうか。(B)
- …ではないかと考えます/思います。(C)
- (…については)…と考えてよろしいでしょうか。(B)
- おそらく…だろうと思います。(C)
- 本日はお忙しい中，お時間をいただきありがとうございました。(D)

③ 内容部分，②の「…」部分に新聞記事を引用し，〔 〕内のように用意する。
- 早速ですが，本日は〔昨日発表された公示地価〕につきまして，ご意見をお聞きしたいと思います。
- 〔東京都心では下げ止まり傾向が出てきた〕かと思います。
- 〔地方との二極化〕については，どうお考えでしょうか。
- 〔都心部と地方との格差は一段と広がっている〕と思います。
- 〔地方の地価下落率拡大について〕はどう思われますか。
- 〔地域経済の停滞がそのまま地価に跳ね返っているの〕ではないかと思います。
- 〔地価下落は不良債権処理の足をひっぱる〕と考えてよろしいでしょうか。
- おそらく〔地域金融機関にも深刻な影響を与える〕だろうと思います。

④ インタビューのシナリオを作成する。
⑤ シナリオ・ドラマ(1)：インタビュアー(教師)が，専門家(学習者)にインタビューする設定で行う。
⑥ シナリオ・ドラマ(2)：インタビュアー(学習者)が，専門家(教師)にインタビューする設定で行い，録音する。
⑦ ⑥を，学習者の自習教材として利用する。

5.3 「想定場面練習：こんなとき⇒こう言う(2)」の例

学習者自身の状況に合わせて想定した場面で，会話の内容部分を学習者のことばで構築することを求めます。実際の業務に直結する場面をとりあげることになるので，学習者に助言を与える際には安全性を見込んだ現実的な対応が必要になります。

5.3.1 施設利用の手配

背景情報：5人の教師が分担して担当(当該授業は一人の教師が担当)した個人授業。来日直後から正式着任前の集中授業で4時間/回，5回/週，500時間のコースのうち，約400時間経過した時点で行った。

対応能力：初級教科書終了，専門分野の語彙拡充のための読解やTVニュースの聴解等を学習中。非常に慎重な話し方をするため，即応力に欠けることがあるが，確実な情報交換ができる。

所要時間：以下の①～④各2時間，合計8時間

設定目標：電話で，若干の交渉を含んで，所属機関の要人が来日する際の宿泊やレセプション会場等の手配ができる。<u>電話の定型表現としての敬語表現を用いて話し，相手の敬語表現を聞き取り，敬語表現を含む定型表現や「です・ます」体を用いて適切に要望を伝え，顧客の立場で，交渉ができる。</u>

使用教材：ホテル職員役の教師の資料としてWeb上の情報(ホテルの室料等の料金表，宿泊以外のサービス，割引のシステム等)

使用機器：Webに接続したPC，録音機器

① 想定場面練習(1)：顧客(学習者)がホテルにWeb上の情報(英語版)で不足する情報を問い合わせ，ホテル職員(教師)が答える設定で行い，<u>敬語表現を多用した説明を聞き取る。</u>

② 想定場面練習(2)：ホテル職員(教師)が顧客(学習者)の要求に好意的に応じる会話展開で行い，<u>「いわゆる尊敬語」を使った質問に，適切</u>

な敬語表現を選択して答える。
③ 想定場面練習(3)：顧客(学習者)が追加の要求をする設定で行い，録音し，検討する。顧客の立場であっても，追加の要求をするのにふさわしい敬語表現を選択する。
④ 想定場面練習(4)：ホテル職員(教師)が顧客(学習者)の要求に応じられない部分で代案を出す会話展開で行い，録音し，改善点を検討する。

5.3.2 社内会議での報告

背景情報：1.5時間/回，2回/週，中断をはさんで約2年継続した個人授業。当該授業は約150時間経過した時点で行った。

対応能力：日本の大学院で(日本語の講義を受けて)修士課程を修了，外資系企業の東京支社に入社，中心業務は日本語・英語両方で，周辺業務や日常会話はほとんど日本語で行っていた。周囲の実際場面から取材する力をもっていて，以下の当該授業の設定場面は学習者が提案した。

所要時間：1.5時間×8回，合計12時間

設定目標：日本企業を訪問し収集した情報を分析的にまとめて，社内会議で上司や同僚に要点を報告することができる。社内会議に適当な定型表現を使用して報告ができ，引用部分にも適切な敬語表現を使用することができる。

使用教材：中上級ビジネスパーソン向け教科書《Japanese for Professionals》から取り出した表現，証券会社が発行する企業別投資情報レポート(日本語版と英語版)，企業業績に関する新聞記事

使用機器：録音機器

① 投資情報レポート(日本語版)の読解。英語版と対照し，選択された使用語句や敬語表現を観察，理解する。
② 企業業績に関する新聞記事の読解。内容理解の後，記事中の語句を検討する。

③ ①②に含まれる語句や敬語表現と教科書《Japanese for Professionals》に紹介される表現を参考に，報告の「定型表現の枠」部分を作成する。
④ ②の情報に学習者自身の分析を加えて検討する。教師が引用文の中の敬語表現(紹介する企業の経営陣の発言等)の運用に重きをおいて助言する。
⑤ ③＋④で発表のための「手控えの覚書メモ」を作成する。
⑥ ①②に含まれる語句・表現や情報を利用して，報告に対する想定問答を検討，教師(質問部分)と学習者(回答部分)がそれぞれの「手控えの覚書メモ」を作成する。
⑦ 想定場面練習(1)：学習者が社内会議で報告する設定で行い，録音，検討する。
⑧ 想定場面練習(2)：学習者が社内会議で報告し，上司や同僚(教師)が質問をする設定で行い，録音，報告部分と，質問に答える部分での敬語表現の使い分け(報告部分では，話題の第三者に対する「敬語」，質疑応答では，対話者への「敬語」)を中心に検討する。
⑨ 想定場面練習(3)：報告の後，上司や同僚(教師)が質問をする設定(質問部分のみ)で行い，録音，検討する。

5.3.3 企業訪問インタビュー

背景情報：1時間/回，2回/週，中断をはさんで約2年継続した個人授業。約100時間経過した時点に行った。

対応能力：日本語能力試験2級合格，日本で約2年のビジネス経験があり，転職を機会に(転職前後の勤務先はどちらも外資系企業)入社前研修として60時間の業務に直結した日本語授業を受講(このとき，財務諸表各項目の日本語表記・意味・発音を確認する授業を受けている)，修了していた。日本企業から情報収集する際は日本語で，社内での報告は日本語・英語両方で，社内業務は英語で，日常生活はほとんど日本語で行っていた。

所要時間：1時間×4回，合計4時間
設定目標：企業の広報担当者に，適切な敬語表現を使用して，訪問前に送付する質問状を作成することができる。企業の広報担当者を訪問し，質問し，経営状況等を聞き取ることができる。
使用教材：中上級ビジネスパーソン向け教科書《Japanese for Professionals》から取り出した表現，Web上に公開される企業の情報，証券会社が発行する企業別投資情報レポート(日本語版と英語版)
使用機器：Webに接続したPC，録音機器
① Web上に公開される企業情報の中で興味のある部分を読む。
② 投資情報レポート(日本語版)から関心のある情報を取り出す。必要に応じて「英語版」を参照する。
③ 質問項目の一覧を作成し，質問順を決定する。
④ 教科書《Japanese for Professionals》から，質問の定型表現(「…についてお聞かせいただければ/どうお考えでしょうか/どう思われますか」等)を取り出し，質問文を作成する。
⑤ 教師が定型表現に含まれる敬語表現を解説する。
⑥ 事前に訪問先企業の担当者に送る質問状をワープロで作成する。
⑦ 予想される回答と，重ねて質問する場合を想定して表現を検討する。発音しにくい語句はそれを避けて表現を工夫するなど，教師の助言を取り入れて構成を見直す。
⑧ 想定場面練習：学習者が訪問先で相手企業の広報責任者(教師)にインタビューする設定で，教師が訪問する際の挨拶等，「待遇行動」も含めた適切な敬語表現の使用を促して行い，録音，検討する。

5.3.4 就職面接試験の準備

背景情報：2時間/回，5回，(外資系企業への)就職面接試験の準備に特化した短期集中型の個人授業で，3人の教師(A・B・C)が担当した。

対応能力：日本語学校（東京）の「中級クラス」で学習継続中。当該授業の申し込み(授業内容の希望をいう，授業料の額と支払い方法，授業場所の確認，授業時間の調整など)はすべて日本語で(電話で)行った。

所要時間：2時間×5回，合計10時間

設定目標：「面接担当者に聞き取られやすい日本語」で話せ，聞き返しや確認を適切に行い，質問に正確に効果的に答えることができる。<u>入退出の挨拶，名刺を受け取る，など「待遇行動」を含めて適切な敬語表現の使用ができる。</u>

使用機器：録音機器

① 初日（教師A）：
- 簡単な自己紹介を交わした後，教師が，来日の経緯，日本語学習の期間，勤務経験について質問し，正確に使える文型・語彙量・発音などを確認する(授業の資料として録音)。
- 面接でどんな質問をされるかを予想し，答え方を検討する。
- 答えの部分のメモを作成する(翌日までの課題)。

② 2日目（教師A）：
- 前日課題にした答えの部分のメモを検討，教師と話し合いながら修正して，口慣らし練習をする。
- 想定場面練習(1)：面接担当者(教師A)の面接を受ける設定で行う。<u>教師が入退室，着席，名刺の授受等の「待遇行動」も含めた，適切な敬語表現の使用を促す。</u>
- 想定場面練習(2)：「好意的な面接担当者」（教師A)の面接を受ける設定で行い，録音する。
- 教師が，（面接時に)学習者のプライバシーに関する質問等を受けた場合の無難な返答方法を文字化して紹介し，口頭練習，教師が「面接官に聞き取られやすい発音」を指導する。

③ 3日目（教師B）：
- 想定場面練習(2)の録音を聞き，文型・語彙・発音を検討し改善策

を考える。
- 想定場面練習(3)：面接担当者(教師B)の(新しい質問を加えた)面接を受ける設定で行い，録音する。

④ 4日目（教師B）：
- 想定場面練習(3)の録音を聞き，質問の聞き返しや確認の方法を練習する。発音しにくい語句はそれを避けて表現を工夫するなど，教師が学習者の意見を取り入れて構成の見直しを加える。
- 想定場面練習(4)：「やや厳しい面接担当者」（教師B)の面接を受ける設定で行い，録音する。

⑤ 最終日（教師C）：
- 想定場面練習(5)「待遇行動」に留意し，入室から退出までの動作を含めて，役員(教師C)面接を受ける設定で行い，録音する。
- 想定場面練習(4)(5)の録音を比較しながら聞く。
- 聞き返しや確認の方法を確認し，教師が留意点を絞って対策を紹介する。

5.3.5 面会依頼の交渉

背景情報：2時間/回，2～3回/月で3か月継続した個人授業。授業開始から10時間程度経過した時点で行った。

対応能力：日本語能力試験1級合格，JETROビジネス日本語テスト 聴読解テストレベルⅠ(当時)合格，同オーラルコミュニケーションテストA判定取得，高校・大学時代にそれぞれ1年間の日本留学経験がある。外資系企業（東京支社）の入社前研修として60時間の日本語授業を受講し修了，授業内容の打ち合わせ等の連絡はすべて日本語Eメールで行った。

所要時間：約30分～1時間×4回，合計3時間

設定目標：電話で，取り次ぎを拒もうとする秘書を説得して，面会の約束を取りたい相手に取り次いでもらうことができる。敬語表現を多用し，婉曲表現も多い相手の敬語表現を聞き取り，適切に敬

　　　　　　語表現を用いて要望を伝え，交渉し，相手を説得することができる。

使用機器：録音機器

① ロールカード「電話で，取り次ぎを拒もうとする秘書を説得して，面会の約束を取りたい相手に取り次いでもらう」を読み，学習者自身の立場，面会を依頼する相手や用件等を想定する。
② 想定場面練習(1)：学習者が敬語表現を多用する秘書(教師)に電話で交渉し，秘書(教師)は，全力を尽くして学習者の依頼を拒む設定で行い，録音する。
③ 首尾よく運ばなかった部分を検討し，改善策を講じる。
④ 想定場面練習(2)：②と同様の設定で，最終的には約束を取りつけることに成功するまで行い，録音する。
⑤ 想定場面練習(3)：秘書(教師)の発話部分で「いわゆる尊敬語」を使用した質問に，学習者が即座に適切な敬語表現を選択して答える等，交渉に複雑さを加え，②と同様に行い，録音する。
⑥ 会話展開に着目して⑤を検討する。

6. 教師に求められること

　ビジネス場面に対応する敬語表現の授業には，教師自身のビジネス経験が反映されます。ただし，ビジネス経験が関わるのは，提供できる内容についてだけではありません。むしろ，留意すべきなのは授業に臨む際に心がける「姿勢」についてです。豊富なビジネス経験がある教師には，自身の経験を客観的に分析する視点を持つことが要求されます。ビジネス経験が少ない教師には，ビジネス場面の日本語を取材する力が必要になります。

　また，教師は目的に応じて「教師としての規範的な日本語」と「一日本語話者としての自然な日本語」を使い分けることが求められます。教師自身にも「日本語の偏差」があり，「敬語表現の偏差」があります。敬語表現指導にあたっては，チームティーチング等で教師間の協力体制をつくり，

教師自身の「敬語表現の偏差」を意識的に確認する機会を設けることが、なにより大切なことだと思っています。

> ポイント
> ・学習者の環境を理解し、学習者の立場を尊重する。
> ・学習者の属する狭義のビジネス社会の規範を知る努力を怠らない。
> ・教師自身の「敬語表現の偏差」を意識的に確認する機会を設ける。
>
> ● 教師に求められること ●

第IV章
初級からの敬語表現教育

1. 問題意識

　日本語教育における敬語表現の指導は，これまで「敬語と非敬語の形態的対立」の学習，すなわち与えられた文中の敬語を一般語彙に換える（「召し上がりましたか」を「食べましたか」にする），あるいはその逆を行う（「送りましょうか」を「お送りしましょうか」にする），また，モデル会話の暗記という形でなされてきました。しかし，これでは，それぞれの敬語がどのように使われるのかは，学習されないままで終わってしまいます。それは，教授者側に「敬語は難しいから初級で使えるようになるのは無理。中級へ行ってからゆっくり指導したほうがよい」というような意識があるためだと思われます。たまたま，「敬語は話し方を丁寧にするために使われる」という説明があったとしても，では「丁寧に話す」というのはどういうことなのかというと，「先生・上司・先輩などの目上に向かって話すときに敬語を使うこと」というような説明しか行われないということが多いようです。

　しかし，実際の敬語表現は，人として行う多くの種類の表現の中に観察されるものであって，けっして「目上に対することばづかい」のレベルに矮小化されるべきではないと考えます。社会言語学や語用論研究が進展した今日，このこと自体は事実として承認されてはいるとしても，ではそれをどのように指導するかについては，まだ議論の余地が大いに残っている

と言えましょう。この章では，敬語表現の指導法に関して，初級の段階から何ができるか(→第Ⅱ章2.2.1)，それはどのような考えを背景にして可能なのかについて，本章の筆者の教育実践からの指導例を紹介しながら私見を述べ，読者のみなさんに議論の材料を提供しようと思います。

2. 敬語表現指導のポイント

本章の筆者は，敬語表現の指導を考えるときは，次の四つの指導理念上のポイントを，常に念頭に置くことが大切かと考えています。

① 敬語表現指導は，あくまでも「表現」の指導でなければならない。
② 指導項目は，適切に「文脈化」されていなければならない。
③ 指導のために提示された文脈は，「自然」なものでなければならない。
④ 指導される表現は，適切に「精緻化」されていなければならない。

以上のポイントについて，以下に少し詳しく説明しておきます。

まず①の点は，敬語表現の指導は，語彙の指導や形態論・統語論レベルの文法の指導ではなくて，徹頭徹尾表現の指導であるということです。筆者は，文法や語彙の指導も，その目指すところは表現指導であるべきだと考えて[28]，初級日本語教育の実践を積み重ねていますから，「敬語表現教育」となれば，「表現の指導」以外のコンセプトは考えられません。「表現」の指導であるということは，その指導が学習者に「これを学ぶと何がどのように表現できるか」を確信させるようなものでなければならない，ということです。たとえば，「丁重語」(→第Ⅰ章2.6)を学ぶのは，「+1以上の「場」(→第Ⅰ章2.3)において，それにふさわしい改まりのある表現を行うため」だということを学ぶ，ということです。より具体的に言えば，大勢の人を前にして行う自己紹介・報告・司会のあいさつなどを，しかるべき文体のスタイルで話す，ということです。したがって，「丁重語」の指導は，そのようなひとまとまりの文話(→第Ⅰ章1.6)の例をいくつか示し，そのようなスタイルの文話が，いつでも必要なときに生成できるよ

うに訓練することになります。また、このような文話スタイルは、「丁重語」のほかにも、「本日」「〜にて」「今後とも」のような「硬い語感」の語彙を必要とすることが多いので、そのような語彙群も同時に指導の対象となるはずです。これも、「表現」が指導の目標であれば、当然のことと言えましょう。

　次に②の点ですが、敬語表現指導が「表現の指導」であるならば、それは、具体的な文話の流れやそれが行われる環境を学習者に示しつつ行うものでなければならないということです。「具体的な文話の流れ」や「それが行われる環境」を示すというのは、その表現が「だれが・だれに向けて・何のために」使用されるのかを示すということです。筆者がここで「文脈化」と呼んでいる概念は、特定の表現の指導に際しては、それが「だれが・だれに向けて・何のために」の表現であるかをきちんと特定するということで、筆者は、このような指導理念が日本語教育のさまざまな分野で一貫して指導の根底に置かれるべきだ[29]と思っています。敬語表現の例で言えば、クラス内でのスピーチ発表会の進行をつかさどる司会の役割を学習者に与え、自分が司会であることを発言し、発表者を紹介させるという指導を行うことによって、「司会の役を担った者が・司会の必要な発表会に参席している聴衆に対して・自分自身や発表者を紹介するために」発言するという文脈が与えられ、それによって、必ずしも目上でない相手（この場合は、クラスメートである発表会の聴衆）に対しての「丁重語」「尊敬語」の使用に適切な「文脈」が与えられることになるというようなことです。

　続いて、③の点について言うと、この「自然である」ということは、必ずしも、与えられる文脈内の文や語句がすべて100％オーセンティックなものであるということではありません。実際のオーセンティックな文話は、複雑な人間関係や場面の構成を背景にしていて、そのままでは学習者の理解が及びにくいということがあります。特に、初級学習者については、あまりにオーセンティックな文脈の提示にこだわると、かえって指導に無駄な時間がかかることになるおそれがあります。そこで、学習すべき項目が

使われる可能性を示し，かつ当該項目の使われ方の特徴が示せるような文脈を「自然な」文脈と考えたいと思います。このように考えることで，後述する「スキット会話」などの指導ができるようになり，さらに特定の表現の表すことがらについて，実際の会話例を示すよりも，より明確に示すようなことさえできるようになるのです。

　最後に，④の点について述べます。「表現の指導」である「敬語表現」の指導は，そのまま文話レベル言語の指導であるために，完全な文話を示す必要があります。初級の教科書のモデル会話文などを見ると，話し手と聞き手の短い会話であることが多いのですが，それでは完全な文話にならないおそれがあります。例えば，「依頼する」という機能の表現例として「すみません，ちょっとその辞書を貸してもらえませんか」「はい，どうぞ」というやりとりだけでは完全な文話とは言えないおそれがあります。例えば，辞書を持ってくることが指示されている語学のクラスに辞書を持たずに来てしまい，今一生懸命辞書を引いて調べている，隣のそれほど親しいわけでもない学生から辞書を借りようとすると，まず最初に，相手に呼びかけをするなり，自分は辞書を忘れて来てしまったことを説明するなりの手順を踏まなければならない(→第Ⅰ章3.2.1)でしょう。もし，よく辞書を借りる相手で，上述のような短い会話ですぐに貸してくれたにしても，「はい，どうぞ」という相手のことばに続いて「どうも」「ありがとう」「ごめんね」などのお礼やお詫びのことばが続くのは当然のことです。また，これらのことばの前に「あ」という短い間投詞のようなものが入るほうが自然に聞こえる場合もあります。このように，文話の指導では，会話なら呼びかけて話し始めてから話し終わって別れるまで，必要な語句が全部出てくるような表現例を与えることを心がけ，教科書のモデル会話が不完全な表現であれば，十分な表現になるように手直ししなければいけないと思います。これを，ここでは「精緻化」と呼んでいるのです。この考えは，一見③の点と矛盾するように見えますが，頻繁な繰り返しや無意味な相づちを含むところまで，オーセンティックに「自然」にはしないが，文話の特徴を示すものは省略しないということで，無理なく③の点と共存

する考え方だと思います。

　以上，本章の筆者が，敬語表現の指導に際して必要と思われる指導理念上の四つのポイントを挙げて，それぞれを説明しました。では，次節でこれらの指導理念を生かした，初級レベルにおける敬語表現指導の実践例を紹介していきます。

> **ポイント**
> ・敬語表現指導は，あくまでも「表現」の指導でなければならない。
> ・指導項目は，適切に「文脈化」されていなければならない。
> ・指導のために提示された文脈は，「自然」なものでなければならない。
> ・指導される表現は，適切に「精緻化」されていなければならない。
> 　　　　　　　　　　　　　　　　　● 敬語表現指導のポイント ●

3.　初級レベルにおける指導実践例

　以下，1～4項を設けてご紹介する活動は，本章の筆者が1989年前後から早稲田大学日本語研究教育センターの別科日本語専修課程および学内の他の年間・短期集中の日本語集中講座で少しずつ実験的に授業に取り入れ，ここ数年間はほぼ毎学期(年間2学期制なので，毎年2回)同じような方法で繰り返してきたもので，そのすべてに，前節で述べた「四つの指導理念上のポイント」が生かされています。内容はそれぞれ，1項「チャンピオンのスピーチ」，2項「スキット会話」，3項「出席ゲーム」，4項「プロジェクトワーク」というものですが，4項はさらに4.1項「クラス・パーティー」，4.2項「インタビュー調査」，4.3項「調査報告発表会」と，同じカテゴリーに属する三つの活動に分けてご説明します。ここでご紹介するのは，筆者が2002年から2005年にかけて担当した，上記別科日本語

専修課程の集中講座「日本語2」クラスの授業・教材記録から抜粋したものです。同課程の日本語集中講座は全部で8レベルに分かれていますが，「日本語2」はその下から二つ目のレベルで，初級後半から初中級の学習段階をカバーします。2005年度秋学期の「日本語2Aクラス」(2レベルの別科学生用クラス)を例に取ると，その詳細は，次のようなものです。

受講資格：早稲田大学日本語研究教育センター別科日本語専修課程日本語集中講座の「日本語1」(90分×11コマ×15週間)クラス修了者およびプレイスメント・テストで同様の能力があると認定された別科生(2004年秋学期までは大学院生も)

授業時間：「日本語1」クラス同様，90分×11コマ×15週間＝247.5時間

中心教材：学期前半『語学留学生のための日本語II』[30]31課〜40課
　　　　　学期後半『文化中級日本語I』[31]第1課・4課・8課

活動日程：第6週　「クラス・パーティー」(当該学期は「池袋防災館見学」に変更)
　　　　　第10週　「インタビュー調査」「調査報告発表会」
　　　　　第14週　「企業訪問」「調査報告発表会」
　　　　　第15週　サヨナラ食事会・センター終了式
　　　　　(「出席ゲーム」は毎日，「チャンピオンのスピーチ」は週2〜3回，「スキット会話」は随時)

3.1　チャンピオンのスピーチ

　初級，初中級の課程では小テストの類を頻繁に行う必要がありますが，その結果に基づいて最高得点者をクラスの前に呼び出し，あいさつをさせるのが，この「チャンピオンのスピーチ」という活動です。このような設定によって「テストの最高得点者が・他のクラスメート全員に向けて・チャンピオンになったことの報告と今後の抱負をスピーチとして述べるため」の表現という文脈が出来上がり，「一対多のスピーチでは，同じ相手

に対しても丁寧度のレベルが一対一より高くなる」という社会言語学的ルールを利用して，クラス内でクラスメート相手に自然に敬語を使わせるようにすることができるのです。

やり方は，前に出てきた学生に「みなさん，こんにちは。マイケル・スミスです。きのうの漢字テストのチャンピオンになりました。どうもありがとうございました」と言わせることから始めます。最初は，教師のあとについて言わせることで十分でしょう。ただし，直立して，手は体側に置くか腰の前で組ませるなど，きちんとした姿勢をとらせます。この言い方で何回か繰り返していくと，比較的よく最高得点者になる学生が決まってくることもあって，スピーチが流暢になり，テレビのコマーシャル・ソングを無意識に覚えるのと同様，クラス全体でスピーチの型に耳が慣れてきます。そこで，ころあいを見計らって，スピーチを少し長くします。それは，最初のスピーチの「きのうの漢字テストのチャンピオンになりました」の直前に，「おかげさまで」を入れることです。これによって，聴衆に対しての配慮が加わり，文話が少し丁寧になります。「おかげさま」という概念を導入するのはむずかしくないかというご質問が出そうですが，そんなことはありません。まず，これが英語なら"thanks to you"，中国語なら"托你的福"のような意味だと伝えておいて，みんなに感謝するのはみんなが自分より高い点を取らなかったためだと説明すれば分かります（ついでに笑いが取れます）。

この「おかげさまで」が入った形を導入したら，しばらくはそのままで進み，またある段階で最後の「ありがとうございました」の直前に「これからもがんばります」を入れるなどして少しずつ長く，複雑な形にしていきます。そして，だいたい7〜10週ぐらいかけて，最終形態に持っていきます。最終形態は，例えば次のようになるでしょう。

「みなさん，こんにちは。アメリカのシカゴからまいりました，マイケル・スミスでございます。おかげさまで，ひさしぶりに漢字のチャンピオンになることができました。これからも一生懸命

勉強するつもりですので，どうぞよろしくお願いいたします。みなさんもチャンピオンになれるようにがんばってください。どうもありがとうございました」

これで，ちょっとしたスピーチ(例えば，学期終了式などでのあいさつ)なら十分に応用できるだけの丁寧な表現が繰り返しインプットされたことになります。繰り返しのインプットの力というものは，過小評価すべきではなく，筆者が過去数年間担当したいくつかのクラスでは，よくチャンピオンになる学生はもちろんのこと，ただ聞いているだけの学生もこの表現がよく頭に入り，久しぶりにチャンピオンになったために言い方を忘れてしまった学生に，一度もチャンピオンになったことのない学生がことばを教えたりすることがありました。これは，学生間に異なる能力の存在を認識させるための，よいきっかけになっています。

「一度もチャンピオンになったことのない学生でもスピーチを覚えてしまう」とは言っても，いつまでたっても，チャンピオンになれない学習者はクラスの前で話す機会を与えられません。そこで，そういう学生には，チャンピオンを紹介しインタビューする司会の役目を与えることで，クラスの前に登場するチャンスを与えることができます。これは，この活動導入の3〜4週目あたりの，そろそろチャンピオンの顔ぶれが固定してくるころに始めるといいでしょう。司会のあいさつも，初めは「みなさん，こんにちは。司会のキム・ジナです。きょうのチャンピオンは，スミスさんです。では，スピーチをどうぞ」と言って紹介するだけですが，その後，スピーチのあとに「チャンピオン，どうもありがとうございました。では，また次のテストまで。さようなら」などと締めくくりのあいさつも入れ，さらにこれに慣れたら，スピーチが終わったところで，チャンピオンにインタビューをするように促します。これは，最終週あたりでは，例えば次のような「精緻化」された会話になるでしょう。

司　　会：スミスさん，おめでとうございます。
チャンプ：ありがとうございます。

司　　会：久しぶりのチャンピオンですね。お気持ちはいかがですか。

チャンプ：ええ，もう最高です。

司　　会：そうですか。次のテストも期待しています。がんばってください。

チャンプ：ありがとうございます。努力します。

司　　会：では，どなたかチャンピオンにご質問のある方はいらっしゃいますか。それでは，ビンさんどうぞ。

チャンプ：（質疑応答）

司　　会：ほかに，ご質問は？　ないようですから，これでチャンピオンのスピーチの時間を終わらせていただきます。スミスさん，ありがとうございました。みなさん，また来週お目にかかりましょう。さようなら。

　このようにして司会に活躍の場を与えると，テストの成績と関係なく人前で丁寧に話すという練習ができます。また，質疑応答の時間を作ることによって，聴衆になっている他の学習者に敬語(特に，「毎日何時間ぐらい勉強していらっしゃいますか」のような「尊敬語」)を使う機会を与えることができます。

　このように，「チャンピオンのスピーチ」は，クラス内に自然な敬語使用の文脈を作る方法です。このような練習を毎週2回ずつぐらい10週間も続ければ，教科書で敬語のまとめを勉強するころには，具体的な敬語の使用例が文脈とともにインプットされているので，敬語の学習がよりスムーズに進みます。この活動は，口頭で繰り返し言わせ，何回も注意して聞かせることが目的なので，初めからプリントにして配布し，覚えてくるように指示するべきではありません。ただ，復習のためスピーチの長さが長くなるたびに，その前までの形態をプリントにして渡し，新しいスピーチとどこが違うかというような「意識化」を促す工夫はあってもいいでしょう。そのような「意識化」を促す配布プリントの例として，第3週から第4週

にかけての表現の違いを示したものをご紹介します。第4週になってから登場した表現には下線が引かれています(ただし,漢字で書ける箇所はすべて漢字表記に直しました)。

【第3週】
司　　会：みなさん,こんにちは。司会のキム・ジナです。今週のチャンピオンは,スミスさんです。では,スピーチをお願いします。
チャンプ：みなさん,こんにちは。アメリカからきた,マイケル・スミスです。おかげさまで,きのうの漢字テストでチャンピオンになることができました。どうもありがとうございました。

【第4週】
司　　会：みなさん,こんにちは。司会のキム・ジナ<u>でございます</u>。今週のチャンピオンは,スミスさんです。では,スピーチをお願いします。
チャンプ：みなさん,こんにちは。アメリカから<u>まいりました</u>,マイケル・スミス<u>でございます</u>。おかげさまで,きのうの漢字テストでチャンピオンになることができました。どうもありがとうございました。
司　　会：<u>これでチャンピオンのスピーチを終わります。スミスさん,ありがとうございました。</u>

この活動では敬語の語彙としての語形や談話の型への意識化が重要なので,通常はエラーの訂正の際に間接訂正を中心とするクラスでも,直接訂正を多めにしてもいいと思います。また,型のあるべきところを,それに従わずにわざと崩して自分の感想を話したりしたがる学習者もいますが,あくまでも丁寧なスピーチの型を押さえたうえで,可能なところとタイミングで表現に個性を出せるように指導していくことが肝要です。なぜなら,

このようなタイプのスピーチでは，発話者がそこに登場する立場(この場合は，チャンピオンとしてあいさつすること)を述べることに主眼があるので，いかに個性的な表現でも個人的な感想に終始していたのではスピーチにならないからです[32]。このような指導をすることで，形はしっかりしていながら，個性的なスピーチができるようになるのです。

参考資料として，本章末に筆者が初級クラスで使用している「チャンピオンのスピーチ」の第1週から第10週までのものを展開例として挙げておきますので，類似の活動をなさるときの参考になさってください。

3.2 スキット会話

本章「2.敬語表現指導のポイント」でも述べましたが，一般の初級日本語教科書では，モデル会話が「精緻化」されていない例が多く見られます。そこで，それを「精緻化」させていったり，また，はじめからオリジナルな「精緻化」した会話を作っていくという指導をすると，文話レベルの敬語表現のありかたが理解されてきます。しかも，このような作業は，たいていの教科書で巻末に近いところにある，「尊敬語とは何か」「謙譲語とは何か」といった，「狭義の敬語」が学習項目に入るずっと前から取り組むことが可能です。

その実例のひとつとして，次の会話をご紹介します。これは，「クラスメートのだれかの出身国やよく知っている国に行って，自分の好きなことをしたいので，それに関する情報をもらう」という趣旨のロールプレイを自由にペアで行わせ，そこで出てきた会話を書き留めさせたもので，学習の目標は「疑問詞＋〜ばいいですか」と「〜なら，〜たらどうですか」の組み合わせによるアドバイスの表現です。下線部分の説明は，のちほどいたしますが，まず全体をご一読ください(ただし，漢字で書ける箇所はすべて漢字表記に直しました。また，学生の名前は仮名です)。

　　――こんにちは，ヒルシャーさん，<u>今ちょっといいですか</u>。
　　――<u>あ，リーさん，何ですか</u>。

──<u>実は</u>，私，夏休みにドイツに行くことにしたんです。
──<u>あ</u>，はい。
──それで，おいしいビールが飲みたいんですが，どこに行けばいいか教えてください。
──<u>あ</u>，ビールが飲みたいなら，ミュンヘンの"Hofbreuhaus"に行ったらどうですか。大きくて有名なビアホールですよ。
──<u>あ</u>，そうですか。<u>じゃ，行ってみます</u>。どうもありがとう。
──<u>あ，いいえ</u>。/<u>あ，どうも</u>。

　上述のように，これはもともと「自分の旅行についてアドバイスをもらう」という会話なのですが，二人の初めの会話は下線部分の語句のないものでした。そこで，机間巡視をしながら，かれらに少しずつヒントを与えて考えさせたり教えたりして，下線の語句を加えさせてご紹介したような形にしていきました。例えば，最初は「今ちょっといいですか」がなかったので，いきなり話しかけて用件を切り出すのは失礼ではないかと反省させ，ではどう言えばいいか，それにどう答えればいいか考えさせたところ，「今ちょっといいですか」と「何ですか」が出てきました。そこで，さらに，「何ですか」だけではぶっきらぼうなので，相手を認識したことをはっきり表すために相手の名前を言うこと，そのときに「あ」をつけると相手の存在をはっきりとらえたことを示せると教えて，「あ，リーさん，何ですか」の部分を引き出しました。この相手の反応を待って自分の用件を言い出すのが丁寧であること，そのときに「実は」を使うとこれから言うことが本題だと示せるので，相手にはわかりやすくなることを指導しました。このようにして少しずつ訂正を繰り返し，最後に「どういたしまして」の代わりの表現として「あ，いいえ」「あ，どうも」でしめくくってできあがったのが，上掲の会話です。

　つまり，このような指導をすることで，文話のレベルで丁寧な，相手の理解に配慮した表現とはどういうものであるかを学習させることができるようになるのです。また，このような練習により，敬語教育が敬語の語彙

的な教育から解放されて，真の表現のための教育につながっていくのです。

なお，ロールプレイを行うときは，できるだけ学習者自身が自分の考えや感情をそのまま出せるような設定にすることが，「意味ある(meaningful)」表現の生成を促し，学習者の表現意欲を高めることになります。上述の練習では，学習者一人一人に実際に自分が行ってみたい国や地域を特定させ，そこの出身者かそこをよく知っている学生がいるかどうかを，クラス全体で確認した上で行いました。このように，自分の思想・願望・経験・感情などをそのまま表現することを，筆者は「語る表現」[33]と呼び，表現教育の中心に位置させたいと考えています。

次の例は，受給動詞の練習のときのスキットなので，より直接的に敬語表現にかかわっています。このスキットの練習方法は前のものとは少々異なるのですが，まずは，全体をご一読ください(ただし，漢字で書ける箇所はすべて漢字表記に直しました。また，下線部は学習項目になっている語句です。なお，ト書きは学生への配布物にはつけません)。

　(学生Ａ・Ｂが道で出会う。二人ともかばんかバックパックを持っている)
　Ａ：あ，Ｂさん，こんにちは。
　Ｂ：あ，Ａさん，こんにちは。お元気ですか。
　(このあと，しばらく短い会話をつづける)
　Ａ：あの，ところで，Ｂさん，いまどこに行くんですか。
　Ｂ：ちょっと，図書館に行って勉強します。
　Ａ：あ，そうですか。あの，実は，わたし，これから新宿に買い物に行くんです。
　Ｂ：あ，そうなんですか。
　Ａ：ええ。それでですね，あの，ちょっとこのかばん持っていてくれませんか。
　Ｂ：あ，いいですよ。持っていてあげますよ。
　Ａ：ありがとう。お願いします。(うれしそうな顔をして，両手を

パンパンとはたき独り言を言いながら去る）わーい，持っても<u>らった</u>，持って<u>もらった</u>！

　このスキットは，ロールプレイではなく，登場人物A・B役の学生にかばんを持ってクラスの前に出て来させて，「まず，お互いにあいさつをしてください」と指示し，あいさつが終わったら，「そのあとは少し会話してください。天気の話でもテストの話でもいいです」と指示をする，というように，舞台監督が役者の演技に演出をつけるような方法で進みます。そして，AがまんまとBにかばんを持たせて自分は手ぶらで買い物に行く，という設定を理解させます。これは，「〜てくれる」「〜てあげる」「〜てもらう」の三つの文型の使われ方を「文脈化」したものになります。「〜てくれる」は「持っていてくれませんか」という形で丁寧な依頼になり，「〜てあげる」は「持っていてあげますよ」という形で，自分にまだ人のために何かができる余裕があることを示します。「〜てもらう」は，「持ってもらった！」という独り言で，手が空いてうれしいことを表します。

　ついでに，受給表現のしくみについて補足しておきますと，まず「持ってあげる」ですが，この「自分には困窮者を助ける余裕がある」（やさしくいえば「あなたはかわいそう，わたしはだいじょうぶ」）という「〜てあげる」の意味が，恩師や上司などに「〜て差し上げましょうか」と「申し出」をすることをためらわせる原因になるのです。もう少し詳しく敬語表現を解説するときに思い出せるように，この「〜てあげる」の恩恵授与の働きをうまく導入する必要があります。このスキットで「〜てあげる」を「かばん，重そうですね。持ってあげましょうか」ではなく，相手の依頼に対して「いいですよ。持ってあげます」という形で導入しているのも，実はそのための工夫なのです。

　「〜てくれる」と「〜てもらう」は，多くの場合同じことを違う面からみた表現で，どちらを使ってもいいことが多いですが，やはり根本的には前者が「してくれる人の親切さ」を，後者が「してもらったことの喜び」を示すという，意味の相違があります。スキットでは，その差異をあとで

説明するときに際立たせるために,「持っていてもらえませんか」ではなく,あえて「持っていてくれませんか」を,そして「わーい,持ってくれた!」ではなく「わーい,持ってもらった!」を使っているのです。余談ですが,筆者の知っている範囲では,初級の教科書で「持っていてくれませんか」に見るような,「〜ていてください」という文型を導入しているものはありません。こんなに簡単に理解できて,利用可能な表現をどうして教えないのか不思議です。実際の会話では「〜てくれませんか」より「〜てもらえませんか」のほうが丁寧な感じがすると思われる傾向にあるのは,それが「自分の利益」を前面に押し出し,「ありがたい」気持ちを表す表現だからです[34]。

　この話は,さらに登場人物Cを登場させて,BがCにAと自分のかばんとを両方持たせる展開になり,さらにDを出させて,CがAとBと自分のかばんとをみんなDに預けるという形で進みます。そうすると,もうこれ以上持ってやりたくないという状況が生じますので,次に新しい人物Eが登場してきたときに,話の展開は次のようになります。

　　E:ええ。それでですね,あの,ちょっとこのかばん持っていてくれませんか。
　　D:え,いやですよ。もうこんなにたくさん持っていますから。もう持ってあげません。
　　E:えー,それは困ります。お願いします。1時間でいいですから持っていてくださいませんか。
　　D:だめです。ぜったいに持ってあげませんよ。
　(登場していない他の学生が全員で手拍子を打ちながらDに向かって)
　　みんな:持ってあげて! 持っ・て・あげ・て! 持っ・て・あげ・て!…
　　D:(たまらず)わかりました。持ってあげますよ。もうっ!!
　　E:わーい,持ってもらった,持ってもらった!!!

このような展開になることで,「持っていてくれませんか」の代わりに「持っていてくださいませんか」を使うことの「文脈化」が可能になります。というのは,依頼の表現がより丁寧なものになるということは,相手が目上の人になる場合だけでなく,このように同じレベルの相手なのに依頼することがらの内容が相手にとってより負担の大きなものになる場合があるからです[35]。このことは,「尊敬語は,目上の人に使う」と考えるだけでは敬語表現が正しく理解できないことを示すために重要なことですので,具体的な文脈で示す必要があります。また,同様に,スキットのこのような展開により「～てあげてください」という表現の使用法を適切に「文脈化」することができます。筆者の知っている範囲では,初級の教科書で「～てあげてください」という文型を導入しているものはありません。たしかに人間関係が重層的になりますので,少しむずかしい感じを与える表現ですが,このように文脈化すれば,理解に支障が起きることはありません。また,「持ってあげますよ」や「持ってもらった」も,前とは少し違った状況での使われ方を示すことができるのです。

　このように,ロールプレイやドラマ的なメソッドによるスキット会話練習は,文話レベルの,必ずしも「狭義の敬語」を使うものではない敬語表現を学習させるため,あるいは特定の敬語表現の適切な「文脈化」を行うために,きわめて有効なものと言えます。また,受給表現のスキットで見たように,実際にはあまり現実的ではない状況でも,そのためにかえって学習する表現の典型的な使い方が示せる場合があり,それが学習者にとってよりよい理解に早く結びつく結果をもたらす可能性があります。本章「2. 敬語表現指導のポイント」で述べた,③の「オーセンティックではないが自然な文脈」における「自然な」というのは,こういう意味なのです。

　このような会話スキットの利用は,初級で導入されるさまざまな文法項目の学習に応用することができます。たとえば,次の会話は条件表現の「と・ば・たら」の機能の違いを示すために筆者が作ったものですが,これも敬語表現指導に応用することができます。

A：このコピー，拡大はどうすればいいんですか。
　　B：あ，このボタンを押せばいいんですよ。
　　C：えーっと，ここを押したらどうなりますか。あ，だめですね。うーん。じゃ，こっちのボタンを押してみたらどうですか。
　　D：あ，これはですね。ほら，ここを押すと「原稿→コピー」が出ますよね。で，そこを押すと，「拡大」と「縮小」が出るでしょ。ね。あとは，その「拡大」を押すんですよ。

　どのように応用するかですが，まず，Bの「ば」を使った表現が「もうこのやり方がいちばんいい。ほかのことを考える必要なしと言い切る」，Cの「たら」を使ったものが「ひとつひとつ試しながら可能性をアドバイスする」，Dの「と」使用のものが「手順をひとつひとつ相手に確認させながら教示する」という表現機能を，それぞれが持つことを理解させたうえで，実際はB型の表現でさっさと教えてしまえばいい状況でも，Dのようにいちいちの手順を示した表現を選ぶほうがそっけなさや事務的な冷たさがない言い方になるということで，それだけ丁寧な感じの表現になると説明するわけです。

　このように敬語表現を，できるだけ他の学習項目と有機的に結びつけて指導しようと考えることは，日本語力の基礎を作る初級段階では特に重要だと思われます。そうすれば，「文法の指導で忙しくて，敬語なんか教えているひまはない」とは，もはや言えなくなってくるのです。

3.3　出席ゲーム

　本章の筆者が初級段階で実践している敬語教育のもうひとつの方法に，ここで紹介する「出席ゲーム」があります。これは，毎日授業開始のときに行われる「学生の出欠確認の点呼」という状況を利用して，学習項目の導入や復習を図るもので，たとえば，次のように進行します(この活動は，「チャンピオンのスピーチ」や「スキット会話」のように文字化して学生に配布することはありません)。

(教師が出欠の点呼を取るが，名前がいつもと違っている）

教　師：ええと，バンダルスリブガワンさん，いますか。バンダルスリブガワンさん。

学生１：？？ 先生，今だれを呼んだんですか。

教　師：こら！ また，みんな先生の言うことをちゃんと聞いていませんね。「だれを呼んだんですか」じゃないでしょう。みなさんが聞いていないのが悪いんですから，もっと丁寧に聞きなさい。

学生１：あ，すみません。先生，今だれをお呼びになったんですか。

教　師：モニカさんを呼んだんですよ。モニカ・ラロッカさん。いるんですか。

学生２：はい，ここにいます。すみません。

教　師：こら！ 先生が名前を呼んでいるのに聞いていなくて，「すみません」じゃないでしょう。もっと丁寧に言いなさい。

学生２：あ，あの，申しわけありません。

教　師：まったく，もう。じゃ，次の人呼びますよ。シュヴァルツヴェルダーキルシュトルテさん。シュヴァルツヴェルダーキルシュトルテさん，いないんですか。

学生３：？？ 先生，すみませんが，今だれをお呼びになったんですか。

（以下，同様に続く）

このゲームでは，「教師の点呼を注意して聞いていない」という「ありうべからざる」態度をとったことについて教師から叱責された学生が，恐縮して教師とのやりとりをするという文脈を与えられることによって，尊敬語の使用が導き出されています。このゲーム活動は，上述のように文字化したスクリプトは渡さずに，口頭で指示を与え，表現をひとつひとつ与えながら行います。本章「3.2 スキット会話」の受給表現の「かばんを持

たせる」と同様に演出家が舞台を作るように表現を与えていきます。例えば，最初の「先生，だれを呼んでいるんですか」は，学生から自然に出るような設定になっていますが，それによって，それを聞いたあとで，教師が「こら，ちゃんと聞いていないのに，『呼びましたか』はないでしょう！」と怒ってみせ，「お呼びになりましたか」が使われる場面へとつながっていくのです。学生2の「申しわけありません」も，未習の場合には教師から与えて言わせます。もちろん，最初は何が起きているのか，どう答えればいいのか分からずに学生もドギマギしますが，4人目くらいでなにが「文脈化」されているか分かってくるので，演技をつけるのが好きな学生がいれば，ほんとうに申しわけなさそうに話してクラスの笑いを誘い，それで「かしこまった表現」という，敬語表現の性格の一端がさらに印象づけられるということになります。

　次のゲームも似たような状況ですが，こんどは「丁重語」使用の「文脈化」が意図されています。同時に前項で紹介した「～てあげてください」や学生同士の非丁寧体会話の「文脈化」にもなっていることをご確認ください。

　（教師が出欠の点呼を取るが，学生は昨日のパーティーの疲れでボーッとしていて，それに気がつかないという状況が与えられている）
　教　　師：ええと，カン・マンスさん。いませんか。カンさ～ん。あ，あんなところでボーッとしているな。ホセさん，ちょっとすみません。
　学生1：はい，先生，何ですか。
　教　　師：カンさんを呼んでいるんですが，聞こえないみたいなので，ちょっと教えてあげてください。
　学生1：はい。（カンの肩をゆする）カンさん，先生に呼ばれてるよ。返事して。
　学生2：はい，先生。おはようございます。

教　師：どうしたの？
学生２：あの，ちょっとボーッとしていました。
教　師：こら！　先生が名前を呼んでいるのに聞いていなくて，「ボーッとしていました」じゃないでしょう。もっと丁寧に言いなさい。
学生２：あ，あの，申しわけありません，ちょっとボーッとしておりまして。
教　師：また夜遅くまでパーティーしていたんでしょ。まったく，もう。じゃ，次の人呼びますよ。ええと，マリリン・チェンさん。マリリンさ〜ん。あ，あんなところでボーッとしているな。フランソワさん，ちょっとすみません。
学生３：はい，先生，何ですか。
（以下，同様に続く）

　この「丁重語」ゲームもその前の「尊敬語」ゲームも，前項の「かばんを持っていてもらう」のスキットと同様，現実にありそうな状況ではありませんが，一般の述語動詞を「尊敬語」や「丁重語」に換えるという動機のためには「自然な」文脈設定になっているのです。このような文脈の「自然さ」から見れば，それまで「です・ます」以上の敬語をつけないで話してきたクラス担当の教師に対して，「敬語」導入の次の日からできるだけ敬語を使って話さなければいけない，とするような指導のほうがはるかに「不自然」なのではないでしょうか。
　このような「出席ゲーム」は，毎日行うことができるために，意図している学習項目が未習でも既習でもクラスの進度や学生の理解度によって自由自在にどこにでも入れることができます。何人かの教師でチームを組んで教えているときは，だれが，いつ，どんなゲームをしたかの記録さえつけておけば，同じようなことを繰り返してしまうことも避けられるし，理解が十分でない場合，同じようなパターンで再度理解を確認してみることもできます。ちなみに，筆者の担当してきた初級クラスでは，だいたい敬

語が指導項目になっている課に進む2週間ぐらい前から，徐々に「出席ゲーム」に「敬語ネタ」を入れるようにしています。もちろん，敬語指導だけのためのゲームではありませんから，他の文法項目がネタの出席ゲームに敬語を忍び込ませるということも可能です。

3.4 プロジェクトワーク

初級の段階でも学生にプロジェクトワークをさせることはできますし，望ましいことでもあります。プロジェクトワークは，プロジェクト自体の進行中はもとより，その結果・成果についての口頭発表やその発表会の司会進行，発表内容の講評にいたるまで，さまざまな側面で「敬語表現」の指導を行うために「自然な」かつ適切に「文脈化」された表現の機会を提供してくれます。

筆者の担当する初級クラスでは，これまでに「クラス・パーティー」「インタビュー調査」「調査報告発表会」「企業訪問」「観光パンフレット作成」「ビデオ・ドラマ制作」などのプロジェクトワークを経験してきましたが，その中で実施回数の多い最初の三つのものについて，その「敬語表現」指導の側面を紹介します。

なお，実施回数が少なく，まだ実績の詳細を発表できる段階ではないため割愛しますが，4番目に挙げた「企業訪問」は，学生にとっては challenging であり，また達成感の大きいプロジェクトワークです。その内容は，特定企業を訪れ，そこの従業員を2〜3名で1チームの学生がインタビューするだけなのですが，初対面の社会人と2時間近く話をし続けること，訪問後お礼状を書いたり，個人的にコンタクトを取って質問させてもらったりすることは，高度な敬語表現が日常においてどのように使われているかを実際に経験するよい機会となっています。2006年3月現在までに訪問した企業は，TBS・長瀬産業・シスコシステムズ・野村證券となっています。

3.4.1 クラス・パーティー

「クラス・パーティー」は，土曜日の午後に学内の会議室を借り切って行う懇親のためのパーティーで，学生・担当講師・ボランティアの学部生や大学院生・学生の家族や友人が参加します。一応クラス行事として設定してありますが，学生が自主的に組織し，運営する活動という位置づけにして，事務所での会場予約・通知文の作成・当日の司会と進行・会計報告などをすべて学生にやらせます。当然，その場その場に必要な「敬語表現」がありますから，あるものは事前にまたあるものは表現のその場で指導していきます。ここでは，担当講師向けの「お知らせ」をご紹介します（学生の名前は仮名です）。

200×年×月×日

クラス・パーティーのお知らせ

日本語研究教育センターの先生方

　こんにちは。わたしたちは，日本語センターの別科「日本語2」クラスの学生です。
　毎日，大学の勉強で忙しいから，先生や友達と話したり遊んだりする時間がありません。
　それで，私たちのクラスでは，以下のようにクラス・パーティーを企画しました。
　みなさん，時間があったら，ぜひご参加ください。

日時：200×年×月×日(土)15：00-17：00
場所：×号館第×会議
会費：1000円　（会場で係にはらってください）

> 　パーティーではおいしい食べ物を食べたり，色々な飲み物を飲んだり，音楽を聞いたり，ダンスをしたりします。楽しいですから，みなさまいらっしゃってください。いらっしゃる方は，私にメールでご返事をお願いします。ご参加のご返事をお待ちしています。
>
> 　　　　　　　　　　　　　　　　　　　　　　　　以　上
>
> ベラ・マレンコ　　&&¥¥@xxx.com

　この「お知らせ」は，初めからモデルを与えて書かせたものではなく，クラス全体でこのような文書に含まれるべき情報は何かについて意見を出させ，それを板書しながら書き込むことを選んでいったものです。そのあとは，敬語に変えられることばはどれかとか，どうすればより趣旨が分かりやすくなるか，参加したいと思うようになるかを議論して，上に見るような文章に仕上げていきました。「毎日，大学の勉強で忙しいから，先生や友達と話したり遊んだりする時間がありません。それで，…」という部分などは，この議論で次第に練り上げていった表現です。初級の学生ですから，それほど高い丁寧さを実現できているわけではありませんが，趣旨は十分伝わる内容です。

3.4.2　インタビュー調査

　「インタビュー調査」は，初級の学生が初めて教室以外の場所で授業の一環として日本語を使う活動で，2〜3名のチームを作り，大学のキャンパスにいる学生に自分たちの興味あるテーマについて，アポイントメント無しの「突撃インタビュー」をし，答えを記録してきて（通常，小型テープレコーダーを使用），その内容をまとめてレポート作成と口頭発表を行うプロジェクトワークです。インタビューの相手は，留学生でもいいのですが，日本語以外の言語を使ってはいけないと指示してあります。監視のためと困ったときの支援のために，一チームに1〜2名の学生ボランティ

アをつけるのが普通です。ボランティア学生は，日本人・留学生を問わず早稲田大学の正規生から募集で集めた「日本語クラスボランティア」の中から適宜選んで参加してもらうシステムになっています。とにかく，いままで面識のなかった人にインタビューして調査するためには，さまざまな「敬語表現」を駆使しなければいけませんが，そのための方法について事前に指導するときのプリントの内容を以下にご紹介します(プリントのオリジナルは総ルビです。また，レイアウトも若干異なります)。

・インタビュー方法の例
(1) 話しかける
　「すみません，今，ちょっとよろしいですか。」

(2) 自己紹介
　「(所属)の(名前)と申します。今，日本語を勉強している留学生です。」

(3) お願いをする
　「授業で〜について調べています。」
　「〜についてお聞きしたいんですが…ちょっとよろしいですか。」
　「質問は〜つあります。まずはじめは，〜。」
　「ありがとうございました。では，つぎに２番目の質問です。〜。」

(4) 説明してもらう
　「たとえば，どんな例がありますか。」
　「もう少しくわしくお話ししていただけませんか。」
　「その『〜』というのは，どういう意味ですか。」
　「〜についてどうお考えですか。」

(5) 聞き返す
　「なんとおっしゃいましたか。」
　「もう一度お願いします。」

「すみません？」

(6) お礼を言う
「どうもありがとうございました。おかげで，とてもよくわかりました。」
「お忙しいところ，ありがとうございました。とても助かりました。」

このほか，相手がインタビューを断ってきたときの対応のしかた，やり取りを録音することへの許可の求め方などは，このプリントを参考にさせて，学生にどんな表現をすればいいか考えさせながら指導します。学生たちは緊張した面持ちで教室からキャンパスに出て行き，なかには恥ずかしいからと言ってなかなか調査を始めない学生もいますが，終わって帰ってくると，みな生き生きした表情になっています。真剣勝負の日本語が通じたことの手ごたえを感じてうれしい，というのがおおかたの感想です。

3.4.3 調査報告発表会

上述の「インタビュー調査」で集めてきたデータは，レポートとして提出するほか，調査結果の報告を発表する会で口頭発表することになっています。発表会では，講師は記録のためのビデオ・カメラマンの役に徹し，司会・進行は学生に任せます。そのときの司会のことばが次のプリントのことばです。これは，はじめから学生に与えるものですが，この中の，「よろしくお願いいたします」や「ご質問をどうぞ」などは，クラスによっては「チャンピオンのスピーチ」ですでに出てきたものですから，まったく新しい表現を勉強するという感じではなくなるため，「新しい，むずかしいことをやる」という意識を持たせないで済みます(プリントのオリジナルは総ルビです)。

1. 司会のあいさつ
・みなさん，こんにちは/おはようございます。

・「日本語2」のクラスの発表の時間です。
・わたくしは，最初の/二番目の/最後の司会の～です。
・どうぞ，よろしくお願いいたします。

Ⅱ．発表者の紹介
・最初の/二番目の/最後の発表者は，Aさんです。
・Aさんは，～からいらっしゃいました。
・これから，「～」についてお話しになります。
・では，よろしくお願いいたします。

Ⅲ．発表者への質問
・Aさん，ありがとうございました。
・では，みなさまからAさんにご質問をどうぞ。
・Bさん，いかがですか。

Ⅳ．司会の交代・閉会
・では，Aさんの発表は，これで終わります。
・Aさん，どうもありがとうございました。
・では，次の司会と交代いたします。
・では，これできょうの発表会を終わらせていただきます。

このような司会・進行の「敬語表現」を指導しておけば，「ショート・スピーチ」「誕生日会」「学期終了パーティー」など，多くの人が集まって会が進行する集まりでは，だれでも司会ができるということになります。

発表の間は，聴衆である他のクラスメートの学生，ボランティア学生，担当講師に「発表評価」を書いてもらいますが，これは次のような形でまとめられて，学生たちにフィードバックされます。それによって，学生たちは次回またこのような発表があるとき，よりよい発表にするためのヒントを得ることができます(プリントのオリジナルは総ルビです。また，チーム名・学生の名前は，ともに仮名です)。

クラス発表評価票のまとめ
Summary of evaluations of your oral presentation
チーム「BAN BAN KITY」：ビリー・エヴァ・サリナ

よかったところ

内容・構成	発表技術	全　体
・発表の順序をはじめに説明したのがよかった ・「次はまとめです」というようにメタ言語をうまく使っていた	・少しずつ交替で発表していて，一人でずっと話さないのがよかった ・3人とも顔を上げて，聞いている人のほうを見ていたのがよかった	・聞いている人にわかりやすいように意識していてよかった

これからよくしたほうがいいところ

内容・構成	発表技術	全　体
・発表する人の個人の意見があるともっとよくなる ・なぜ「携帯電話」について聞きたかったのか，説明があったほうがよい ・目で見られる資料があればもっとよくわかる ・発表する人たちの出身国で携帯電話がどう使われているか発表すれば，もっとよかった	・発音の間違いが多かった ・文を読むときのフレージング(phrasing)をもう少し練習したほうがいい ・数字を言うときは，もう少しゆっくり言うほうがいい	・質問によく答えられないところがあった

評価には，狭義の敬語の誤用についての指摘は，通常そんなに多くなく（誤用自体は実は多いのですが），むしろ内容・構成や発表技術についてのコメントが多くなっています。それは，このような発表では眼目が「正確に話せたか」「流暢に話せたか」に置かれているのではなく，「分かりやすかったか」「説得力があったか」にあるからだと思います。ということは，このような発表会が「文法形式や語彙の学習のため」に行われているのではなく，まさに真のコミュニケーションである「意味のやりとり」のために行われていることの証拠です。そうであれば，そういう場での「敬語表現」というのは，「相手にどれだけ余計な負担をかけずに自分たちの意味するところが伝えられるか」ということへの表現の配慮だと考えます（→第Ⅰ章3.1.8および4）。したがって，「内容・構成」の欄の「メタ言語をうまく使っていた」や「全体」の欄の「聞いている人にわかりやすいように意識していてよかった」という肯定的評価は，このような「敬語表現意識」に支えられて表れたものだと言えます。否定的評価である「発表する人の個人の意見があるともっとよくなる」「数字を言うときはもう少しゆっくり言うほうがいい」も，同じような意識から来る評価です。教師は，これらの批評が「敬語表現」，さらには表現学習全体に占める位置をしっかりと学習者に確認させる指導をすることが必要でしょう。

4．まとめと今後の課題

　以上，中・上級以上の学習段階でこそその真価が問われる，と一般的に思われがちな「敬語表現」の指導が，実は初級段階から真剣に取り組むべきものであるということと，そのための具体的な教授法は初級段階でもさまざまに工夫することが可能であるということを，本章の筆者が担当してきた初級クラスでの指導実践例を紹介しながら述べてきました。このような指導実践の背景には，「2.敬語表現指導のポイント」で述べた，次の四つの教授理念があることを，再確認してください。

① 敬語表現指導は，あくまでも「表現」の指導でなければならない。
② 指導項目は，適切に「文脈化」されていなければならない。
③ 指導のために提示された文脈は，「自然」なものでなければならない。
④ 指導される表現は，適切に「精緻化」されていなければならない。

　すなわち，「敬語表現」の指導は，「表現」の指導であるがゆえに，適切に「文脈化」された「自然な」状況設定のもとで，適切に「精緻化」された表現として学ばれなければならないのです。そして，この目標のためには，単に敬語と非敬語のマッチングを確認するような練習では適切でなく，「精緻化」が不十分なモデル会話の暗記も有効ではなく，ロール・プレイさえ，学習者が真に自分の言いたいことが言えるかどうか配慮して行わなければならないのです。そして，ついには，「3.2スキット会話」の「旅行へのアドバイス」や「3.4.3調査報告発表会」の「発表評価」で見たように，狭義の敬語形式など一切言及されないような「敬語教育」についても，教師は指導の対象として意識していなければならないというになります。まとめに当たって，このことを再度強調しておきたいと思います。
　「敬語教育」が真の表現教育になるためには，学習者が自身として表現したいことが十全に表現でき，またそれを必要な相手に分かってもらえるように意味交渉しなければならないのですが，その教育をどのようにするかが今後の「敬語表現」教育の中心課題になるだろうと思います。学習者が自分の主張もきちんとしながら，相手の言いたいことにも共感を示しつつ相互理解を進めるような表現教育の方法論を打ち立てることが教育実践の重要な課題になると感じます。ただ，一定の文法形式と語彙の知識を持つ中・上級の学習者と違い，初級の学生に日本語の複雑・多岐な敬語表現を指導していこうとすると，ある程度の「おすすめ表現」のようなものは，まず一通りは覚えてもらわなければならず，それが表現形式の正確さや「独特な日本文化的表現」の発現を無意識に志向してしまうような示唆を与えないように指導するにはどうすればよいかは，初級段階の教授者として常に意識していかなければならないところです。与えて覚えてもらうも

のと創造的に作り出させるものとの適正なバランスをどうとるか，さらに理論の研究と実践の経験の中から見つけ出していきたいと考えています[36]。

「チャンピオンのスピーチ」第1週～第10週の展開例
　【1】
　　チャンプ：みなさん，こんにちは。マイケル・スミスです。きのうの漢字テストでチャンピオンになりました。どうもありがとうございました。
　【2】
　　チャンプ：みなさん，こんにちは。マイケル・スミスです。おかげさまで，きのうの漢字テストでチャンピオンになることができました。どうもありがとうございました。
　【3】
　　司　　会：みなさん，こんにちは。司会のキム・ジナです。今週のチャンピオンは，スミスさんです。では，スピーチをお願いします。
　　チャンプ：みなさん，こんにちは。アメリカからきた，マイケル・スミスです。おかげさまで，きのうの漢字テストでチャンピオンになることができました。どうもありがとうございました。
　【4】
　　司　　会：みなさん，こんにちは。司会のキム・ジナでございます。今週のチャンピオンは，スミスさんです。では，スピーチをお願いします。
　　チャンプ：みなさん，こんにちは。アメリカからまいりました，マイケル・スミスでございます。おかげさまで，きのうの漢字テストでチャンピオンになることができまし

た。どうもありがとうございました。
司　　会：これでチャンピオンのスピーチを終わります。スミスさん，ありがとうございました。

【5】
司　　会：みなさん，こんにちは。わたくしは，司会のキム・ジナでございます。今週のチャンピオンは，スミスさんです。では，スピーチをお願いします。
チャンプ：みなさん，こんにちは。アメリカのシカゴからまいりました，マイケル・スミスでございます。おかげさまで，きのうの漢字テストでチャンピオンになることができました。どうもありがとうございました。
司　　会：スミスさん，おめでとうございます。（トロフィーを渡す）
チャンプ：ありがとうございます。
司　　会：これでチャンピオンのスピーチを終わります。スミスさん，ありがとうございました。

【6】
司　　会：みなさん，こんにちは。わたくしは，司会のキム・ジナでございます。どうぞよろしくお願いします。今週のチャンピオンは，スミスさんです。では，スピーチをお願いします。
チャンプ：みなさん，こんにちは。アメリカのシカゴからまいりました，マイケル・スミスでございます。おかげさまで，きのうの漢字テストでチャンピオンになることができました。これからも一生けんめい勉強いたします。どうもありがとうございました。
司　　会：スミスさん，おめでとうございます。（トロフィーを渡す）

チャンプ：ありがとうございます。
司　　会：今のお気持ちはいかがですか？
チャンプ：ええ，とてもうれしいです。
司　　会：これでチャンピオンのスピーチの時間を終わらせていただきます。スミスさん，ありがとうございました。

【7】
司　　会：みなさん，こんにちは。わたくしは，司会のキム・ジナでございます。どうぞよろしくお願いします。今週のチャンピオンは，スミスさんです。チャンピオンになるのは＊回目です。では，スピーチをお願いします。
チャンプ：みなさん，こんにちは。アメリカのシカゴからまいりました，マイケル・スミスでございます。おかげさまで，きのうの漢字テストで＊回目のチャンピオンになることができました。これからも一生けんめい勉強いたします。どうもありがとうございました。
司　　会：スミスさん，おめでとうございます。（トロフィーを渡す）
チャンプ：ありがとうございます。
司　　会：＊回目のチャンピオンですね。お気持ちはいかがですか？
チャンプ：ええ，とてもうれしいです。
司　　会：これでチャンピオンのスピーチの時間を終わらせていただきます。スミスさん，ありがとうございました。みなさん，またお目にかかりましょう。さようなら。

【8】
司　　会：みなさん，こんにちは。わたくしは，司会のキム・ジナでございます。どうぞよろしくお願いします。今週のチャンピオンは，スミスさんです。チャンピオンに

なるのは＊回目です。では、スピーチをお願いします。

チャンプ：みなさん、こんにちは。アメリカのシカゴからまいりました、マイケル・スミスでございます。おかげさまで、きのうの漢字テストで＊回目のチャンピオンになることができました。これからも一生けんめい勉強いたします。みなさんもチャンピオンになれるように、がんばってください。どうもありがとうございました。

司　　会：スミスさん、おめでとうございます。(トロフィーを渡す)

チャンプ：ありがとうございます。

司　　会：＊回目のチャンピオンですね。お気持ちはいかがですか？

チャンプ：ええ、とてもうれしいです。

司　　会：毎日何時間ぐらい勉強していらっしゃいますか？

チャンプ：1日に2時間くらいです。

司　　会：日本語の勉強はいかがですか？

チャンプ：とてもたのしいです。

司　　会：これでチャンピオンのスピーチの時間を終わらせていただきます。スミスさん、ありがとうございました。みなさん、また来週お目にかかりましょう。さようなら。

【9】

司　　会：みなさん、こんにちは。わたくしは、司会をつとめさせていただきます、キム・ジナでございます。どうぞよろしくお願いします。今週のチャンピオンは、スミスさんです。スミスさんは今回で＊回目のチャンピオンになります。すばらしいですね。では、スピーチをお願いします。

チャンプ：みなさん，こんにちは。アメリカのシカゴからまいりました，マイケル・スミスでございます。おかげさまで，きのうの漢字テストで＊回目のチャンピオンになることができました。これからも一生けんめい勉強いたしますので，よろしくお願いいたします。みなさんもチャンピオンになれるように，がんばってください。どうもありがとうございました。

司　　会：スミスさん，おめでとうございます。（トロフィーを渡す）

チャンプ：ありがとうございます。

司　　会：＊回目のチャンピオンですね。お気持ちはいかがですか？

チャンプ：ええ，とてもうれしいです。

司　　会：そうですか。次のテストもがんばってください。

チャンプ：ありがとうございます。

司　　会：どなたかチャンピオンに質問のある方はいらっしゃいますか？　それでは，アジズさんどうぞ。

チャンプ：（質疑応答）

司　　会：これでチャンピオンのスピーチの時間を終わらせていただきます。スミスさん，ありがとうございました。みなさん，また来週お目にかかりましょう。さようなら。

【10】

司　　会：みなさん，こんにちは。わたくしは，司会をつとめさせていただきます，キム・ジナでございます。どうぞよろしくお願いします。今週のチャンピオンは，スミスさんです。スミスさんはひさしぶりにチャンピオンになることができました。がんばりましたね。では，

スピーチをお願いします。
チャンプ：みなさん，こんにちは。アメリカのシカゴからまいりました，マイケル・スミスでございます。おかげさまで，きのうの漢字テストで，ひさしぶりにチャンピオンになることができました。これからも一生懸命勉強いたしますので，よろしくお願いいたします。みなさんもチャンピオンになれるように，がんばってください。どうもありがとうございました。
司　　会：スミスさん，おめでとうございます。（トロフィーを渡す）
チャンプ：ありがとうございます。
司　　会：ひさしぶりのチャンピオンですね。お気持ちはいかがですか？
チャンプ：ええ，もう最高です。
司　　会：そうですか。次のテストも期待しております。がんばってください。
チャンプ：ありがとうございます。
司　　会：どなたかチャンピオンに質問のある方はいらっしゃいますか？　それでは，アジズさんどうぞ。
チャンプ：（質疑応答）
司　　会：ほかに，ご質問は？　ないようですから，これでチャンピオンのスピーチの時間を終わらせていただきます。スミスさん，ありがとうございました。みなさん，また来週お目にかかりましょう。さようなら。

第Ⅴ章

「敬語表現教育」における「誤解」をどのように考えるか

1.「敬語」「敬語表現」に関する誤解

　「敬語」や「敬語表現」は，日本語でコミュニケーションを行うときには不可欠なものであり，非常に重要なものだと言えるのですが，日本語母語話者にも苦手意識を持つ人が多く，また，学習者にとっては日本語学習の中の大きな困難点の一つとなっているものでもあります。そのため関心も高くなるわけですが，その反面，日本語の学習者・教師・母語話者のいずれにも，「誤解」の多いものだと言えるでしょう。

　日本での学校教育を受けた者であれば，「敬語」についてうまく使えないと悩んでいる人であっても，尊敬語・謙譲語・丁寧語などの用語に関する基礎的な知識は持っていると思います。しかし，そうした知識を持つことで，かえって，〈「敬語」は，「尊敬」や「謙譲」の気持ちを表すものだ〉などといった誤解が助長されている傾向もあるようです。そして，教師であっても，そうした誤解をそのまま日本語教育に反映させているため，結果として学習者にも誤解を広げていると言えるのではないでしょうか。

　しかし，「敬語」は，学校教育による知識だけでは捉えることのできないものです。学校教育における「敬語」学習は，主に古典読解のための文法としての知識を身につけることを目的としているもので，狭義の「敬語」の理解には役立っても，実際の「敬語表現」に関する学習が行われているとは言い難い現状でしょう。

また,「敬語」は変化の激しいもので,昭和30年代以降とそれ以前とを比べると大きな違いがあります。現在では,「尊敬語・謙譲語・丁寧語」の3分類では捉えきれないものとなっているにもかかわらず,本書でこれまでに述べてきたような「敬語」の捉え方については,あまり教育が進んでいるとは言えない状況です。

本章では,「敬語」「敬語表現」「待遇表現」に関する様々な「誤解」を取り上げ,それをどのように捉えていけばよいのかについて考えてみたいと思います。

A:日本語学習者の持つ誤解,B:日本語母語話者の持つ誤解,C:日本語教師の持つ誤解に分けて取り上げ,検討していくことにします。

ポイント

・日本語の学習者・教師・母語話者それぞれに,「敬語」や「敬語表現」に関する「誤解」が多い。「知識」の学習によって,「敬語」に関する「誤解」が広がっていると考えられる。

●「敬語」「敬語表現」に関する誤解 ●

2. 「敬語」の捉え方・考え方

2.1 「敬語」をどう捉えているか

まず,「敬語」をどう捉えているかということから見ていきましょう。

「敬語」に関して,よく話題になる,相反する二つの意見があると思われます。一つは,「敬語」を上下意識に基づくものだと捉えることによって,「敬語」を否定し,なくすべきだとするような意見です。もう一つは,「敬語」を日本人の美徳の現れ,古来の伝統であると捉えることによって,現在の「敬語」の乱れを憂い,従来の用法を固守すべきだとするような意

見です。いずれも、「敬語」の持つ一面だけを強調するものだと考えられますが、こうした意見の主張や、それに伴う対立は多く見られます。そこで、まず、「敬語」をどう捉えるかということに関する「誤解」を解きほぐしていきたいと思います。

2.1.1 「敬語」は封建的なものである？

誤解A① 「敬語」は封建的なものであり、身分を固定するものだから使いたくない。
誤解B① 「敬語」は特に地方出身者の言葉の足かせになり、自由な言論を阻害するものだからなくしたほうがよい。

「敬語」は身分差を反映したもので、封建的なものだという考え方は、非常に根強いものです。現在では「身分」という考え方はほとんどないと言えますが、「敬語」の原理については「上下差」であると意識されることが多いように思います。そこから、人間は平等であるべきで、上下差を作るべきではない、人に上下差を生じさせる「敬語」のシステムは封建的なものであり排除すべきものだ、というような考えが生じます。

特に海外で、このような考え方を持つ日本語母語話者に教えられたり、そのように解説したものを読んだりした学習者が、「敬語」を封建的なものとして否定的に捉えることがあるようです。また、母語話者でも、平等意識を持ち、細かいことにとらわれない、ざっくばらんな人柄であるということを示すために、「敬語」を嫌い、だれに対しても敬称をつけず、「相手レベル・−1」で話すような人もいます。共通語の「敬語」システムに慣れず、「敬語」を自由な言論を阻害するものであると感じる人は、「敬語」を否定的に捉えることが多いと言えます。このような考えを持つ人たちは、「敬語」を簡素化した方がよいと提案し、「敬語」を使わないようにしたほうがよい、使わない工夫をしたほうがよいという主張をすることもあります。

2.1.2 「敬語」は「必要悪」である？

誤解B②社会生活を送る上では，本心を偽ってでも，相手を立て，おべっかを使ったりすることは必要だ，したがって「敬語」は必要悪なのである。使っておきさえすればよい。

誤解B③尊敬していない人に対して「尊敬語」を使いたくない。

　現在の「敬語」使用を考える際には必ず出てくる，このような意見については，どうでしょうか。尊敬していないのに立場が上であるというだけで，あるいは，相手が自分より年長であるというだけで「敬語」を使うのは，自分の気持ちに反しているから使いたくない，という考え方は根強いものです。しかし，逆に言えば，尊敬しているから「尊敬語」を使う，というのも一つの誤解でしょう。これについては後にも触れますが，こうした，尊敬する気持ちがない人に対して「敬語」を使いたくない，という意識をどのように考えたらよいのでしょうか。

2.1.3 「敬語」は日本独自の文化である？

誤解B④「敬語」は日本固有の文化であり，大切に継承していくべきものである。

　一方で，「敬語」は日本の文化であり，美しいものであるから大切にした方がよい，伝統的なものを残すべきだと考える人もいます。このような人々は「敬語」の伝統的な使い方を大切にしたいと考えるため，現在行われている誤用に眉をひそめ，もっと「敬語」教育が必要だと声高に主張することも多いようです。

誤解A②自分の国の言葉には「敬語」はない。
誤解B⑤「敬語」は日本独自のシステムであり，他の外国語に同様なものはない。

　どちらの考え方も「敬語」を日本独自のシステムだと勘違いし，他の外

国語には存在しないものだと誤解しているところから来ています。日本語学習者は，日本語の「敬語」に似たシステムを持つ韓国語，ジャワ語などの話者以外は，ほとんどが自分の国の言葉には「敬語」はないと断言します。はたして，これは事実だと言えるのでしょうか。

2.1.4 正しい「敬語」を使わなくてはいけない？

誤解B⑥ 正しい「敬語」を使うべきだ。
誤解B⑦ 「敬語」の乱れには目に余るものがある。きちんと教えるべきだ。

　「敬語」というと「正しさ」と結び付けられることも多いようです。「敬語の乱れ」といった捉え方は，「正しい敬語」と表裏一体の関係にあると言えるでしょう。「正しい敬語」は，日本語の学習者や教師においても口にされることです。「正しい敬語」とは，一体何なのでしょうか。

> ポイント
> ・「敬語」の捉え方として，「敬語」は封建的なものである，「敬語」は必要悪である，といった考え方や，「敬語」は日本語独自のものである，「正しい敬語」を使う必要がある，といった考え方があるが，いずれも根強い「誤解」だと言えるだろう。
> 　　　　　　　　　　　　　　●「敬語」をどう捉えているか●

2.2 「敬語」をどう捉えればよいか

　それでは，以上の「誤解」に対してどのように対応すればよいのか，考えていきましょう。

2.2.1 「敬語」体系の特色

　ある意味では，日本語は他の言語と違ったシステムを持つという考え方

もできます。例えば，「おはよう」という表現形式か「おはようございます」という表現形式かの，どちらかを選ばなければならない，という問題があります。つまり，日本語では自分と相手の位置を規定しなくては，何も表現できないということです。例えば，現在の時刻を尋ねるという非常に客観的なやりとりにしても，相手と自分との位置づけをしないと言えなくなってしまいます。「今，何時？」「3時だよ。」と言うか，「今何時ですか。」「3時ですよ。」なのか，「すみません，今何時かわかりますか。」「今ですか，3時です。」と言うのか，相手と場を考えて選択しなければならないわけです。その意味では，日本語は表現のすべてが相手と場を考慮した「待遇表現」であると言えるのです。

　日本語の中で待遇表現のシステムは，すべての言葉や表現が複雑に関係し合っているため，「敬語」「敬語表現」「待遇表現」だけを切り離して考えることはできません。これを「文化」と捉えることもできますが，それは，上下を分けることを大切にするとか，相手に対して丁寧にすることが日本語の特徴だというようなことではありません。待遇表現の考え方は日本語そのものとも言えるものであって，日本語では常に相手や場を考えながら言語活動を行っているという意味で，日本語の根幹に関わるものであると言えるのです。

　言葉はその社会，時代を反映するものです。昭和30年代以前の日本語においては，「敬語」のシステムは身分を反映したものであったようです。特に上下差の大きい場合にはかなり厳密に使われていたわけで，「敬語」のシステムは上下差，身分差を意識したものであったと言えます。しかし，日本社会の劇的な転換に伴って，「敬語」の使い方もずいぶん変わりました。現在では，家庭内ではほとんど「敬語」が使われていないことからもわかるように，現代の「敬語」は必ずしも上下差を反映したものではなく，相手の社会的な立場を尊重することが第一義になっていると言うことができます。その意味で，言葉は社会，時代を反映したものであり，昔のものをそのまま残さなければならないと考えるのは，あまり意味のないことでしょう。現在使われている「敬語表現」は現在の社会に即したものとなっ

ているのであり，それをどのようにしていきたいかは，日本語話者の意思にかかっていると言ってもよいと思います。

2.2.2 「敬語」は「必要悪」とは言えない

　自分の気持ちには正直に，尊敬する人に対してだけ「敬語」を使い，尊敬できない人には使わない，そのようにしたいけれども，社会の中で生活するためには気持ちを偽ってでも「敬語」を使わなければならない，そのように考えるべきなのでしょうか。自分の気持ちに率直になり，尊敬できない人，嫌いな人に対しては「敬語」を使わないということがいいことなのでしょうか。そうすれば自分自身の気持ちとしてはすっきりするかもしれません。しかし，自分の気持ちに正直なことがいつも，必ずよいことだと言えるのでしょうか。例えば，嫌いな人に対して，その，嫌いだという気持ちを出した方がいいのか，出してもいいのか，あるいは隠した方がいいのか，これは難しい問題です。嫌いな人と全く利害を共にすることがなければ，その気持ちを直接表してもいいのかもしれません。しかし，社会生活の中で，嫌いだという気持ちをそのまま直接伝えることがいいことだと言えるのでしょうか。社会生活を送る上では，自分の個人的な気持ちはともかく，その人を対等な社会人として尊重する必要はないでしょうか。自分を尊重してもらうためには，相手を尊重することが必要になるのではないでしょうか。社会生活は相互関係によって成り立っています。相手を尊敬しなければ「敬語」は使えない，というものではなく，お互いに社会人としてその立場を尊重するから使う，という考え方はできないものでしょうか。つまり，相互に相手の立場を「尊重」しているからこそ「敬語」を使うのであって，相手を「尊敬」しているから使うのではないということです。その人に「敬語」を使うことと，「尊敬」しているかどうかは，別問題です。「敬語」は，使うことが社会的な規範として期待されているから使うのであり，尊敬や謙譲の気持ちを持った時にだけ使う，というものではありません。

　しかし，だからといって，気持ちと「敬語」使用を全く切り離して，使

わなければならないから，必要悪だから使うということでいいのでしょうか。その人を軽蔑しているけれども，社会生活のために言葉の上辺だけを飾って，便宜上相手を奉っておけばよいという気持ちで接することもできるでしょう。ところが不思議なことに，そのような気持ちを持っていると，それは必ず伝わってしまうものです。「慇懃無礼」という言葉があるように，言葉だけ丁寧にしていても，相手に対する気持ちがない場合には，それも伝わってしまうのです。心のこもっていない，言葉だけの表現では，それがそのまま相手に伝わってしまうことが多いのです。たとえ，個人的には好きになれない相手でも，お互い同じ立場の社会人としてその立場を尊重しているという気持ちで接すると，その尊重する気持ちは伝わると思います。その意味で，「敬語表現」は，人間として，社会人として尊重し合う，お互いを認め合う，という気持ちに根ざしているものではないでしょうか。

2.2.3 「敬語」を含む「待遇」のシステムは特殊ではない

　日本語には「敬語」があるということ，つまり，「言う」に対する「おっしゃる」や「申し上げる」のように，通常語とは異なる「敬語語彙」があるということは，日本語の一つの特徴であり，このような特別の語彙体系を持っている言語が多くないというのは，事実だと言えます。「言う」と言うか，「おっしゃる」と言うか，「申し上げる」あるいは「申す」と言うか，時と場合に応じて使い分ける必要があるため，この「敬語語彙」のシステムは目に付きやすく，独特なものだと考えられがちです。

　しかし，「敬語」を使うシステムを考えたとき，「敬語」だけを見ていたのでは十分でないこと，「敬語」と「敬語」以外の通常の語，また，「敬語」とは言えないものの，「今日」に対する「本日」のような「敬語」的な語彙，さらに広くは，挨拶表現なども含めて，相手と場によって使い分けている「敬語的な」とでも言える，あるいは「待遇表現」とも言えるシステム全体を考える必要があることは，本書をここまで読んだ方にはよくおわかりでしょう。

日本語教育の世界でも「待遇表現」という術語は用いられてはいますが、「待遇」という言葉の持つイメージが「敬語」を含むものだと理解されにくいため、「待遇表現」という術語や、「敬語」を広く捉えるという考え方が一般的になっているとは言えません。しかし、相手と場によって言葉を使い分けるということは、おそらくはどの言語にもあることでしょう。日本語のような一つの体系として存在するものではないにしろ、「丁寧さ」に準ずる概念はほとんどの言語にあると言えます。家族や親しい友人に対しても、教師や年長の人に対しても、また、どういう場や状況でも、全く同じ言葉を使うという言語は少ないと考えられます。

これは例えば、「挨拶」というものが、その表現内容の違いはあっても、どこの言語にもあることと似ています。日本語の「いい天気ですね。」「暑くなりましたね。」という天候に関する「挨拶」は、天気に言及することが挨拶になるという意味での共通性はないとしても、何らかの定型的な挨拶があるという意味では同様のシステムがどの言語にもあると言えます。それと同様に、日本語の「敬語」とは同じものではないにしろ、同じような言葉の使い分けは、どの言語にもあるという意味において、「敬語」が日本語だけの特殊な現象であるとは言えないでしょう。この意味で、「敬語」を含む待遇表現の体系は日本語独自のものではないと言えます。

2.2.4 「敬語」の「正しい」使い方があるわけではない

言葉の使い方が「正しい」とか、「正しくない」とかよく言われますが、実は、言葉遣いが「正しい」かどうかということは、そう簡単には決められないことが多いのです。もちろん、「本が持っています」（「を」の誤り）のような明らかな誤用もありますが、ある方言ではその言い方もある、とか、どちらの漢字を使ってもいいとか、誤用かどうかが決められないといった場合も多いのです。

「敬語」についても、例えば、「私がおっしゃいました」などは、誤用だとはっきり言うことができます。しかし、「敬語」の誤用はよく問題になる一方で、自分の動作には「お」は使わない、などという誤解も広まって

おり，逆の意味で文法的な誤用が広まっているという事実もあります。例えば，伝統的な使い方からすると明らかに誤用である「ご利用してください」(本来いわゆる謙譲語〔間接尊重語〕である「お・ご〜する」形式をいわゆる尊敬語〔直接尊重語〕として使用している例)などがほとんど市民権を得んばかりに使われ，それがあまり意識されていないというような事実です。「敬語」をうまく使いたいと願うあまり，とにかく使っていればよいとばかりに，間違いにもかまわず使っているというケースもよく見られます。商業的な場面でのいわゆるマニュアル「敬語」にはこのような誤用も多く含まれています。その意味では，「敬語」の勉強をして，誤用を少なくするに越したことはないと言えますが，問題はそう簡単ではありません。「敬語」の文法的・語法的な点では問題がないとしても，実際には不適切な使い方をしている場合はかなり多いと言えます。「敬語」を間違いなく使いさえすればよい，という問題ではなく，相手と場に応じて，適切に使うことが求められているのです。

　誤用にもいろいろなレベルがありますが，「敬語」の文法的・語法的な誤用以外の問題となる使い方を挙げてみましょう。

・「敬語」を不適切な対象に対して使うといった誤用(「ご注文の品はおそろいでしょうか」など)
・使う「場」と合わない誤用(式典でくだけた・おどけた口調で話すことなど)
・全体のレベルが統一されていない誤用(丁寧にしたいために「でございます」だけを多用することなど)
・相手の位置づけが誤っている誤用(丁寧にすべき人に対して「タメ口」を使うことなど)
・表現の内容と合わず，不必要に丁寧な場合(慇懃無礼など)
・配慮する相手を間違えた場合(身内や自分の知り合いだけを高めてしまうことなど)

　「敬語」の語法的な誤用だけに気をとられていると，これらのいろいろ

な誤用が見えにくくなります。「敬語」を誤りなく使うのがよいことなのは当然だと言えますが，「敬語」の語法だけでなく，その場や相手に対し適切であるかどうかについて，もう少し考慮すべきであると言えるでしょう。

> **ポイント**
> ・相手や場によって言葉を使い分けることは，多くの言語でも行っていることである。「敬語」だけではなく「待遇表現」として見れば，それは日本語独自のものではない。
> ・「敬語表現」はその時代の社会における考え方を反映したものであり，その意味では一つの「文化」ではあるが，それを継承することだけを考える必要はない。
> ・「敬語」は社会人としてお互いの立場を「尊重」する気持ちで使うものである。
> ・「敬語」の語法上の使い方だけにとらわれるのではなく，コミュニケーションとして，その場に即し，相手に合った言葉遣いをしているかどうかを考えることが大切である。
>
> ●「敬語」をどう捉えればよいか●

3. 「敬語」「敬語表現」に関する問題点

3.1 「敬語」に関する問題点

3.1.1 「尊敬語」「謙譲語」は適切な用語か

誤解A③「お国」と「国」の違いは，相手の国は尊敬するが自分の国は尊敬しないということだ。
誤解A④謙譲語は自分を低くすることで，それは卑屈なことだから使いたくない。

誤解B③尊敬していない人に対して「尊敬語」を使いたくない。

　初級の最初の課で自己紹介をかねて「私は○○です。私の国は△△です。あなたのお国は？」を練習したときに、学生が「相手の国は尊敬するが、自分の国は尊敬しない」と言ったのを聞いたことがあります。最初の課から自然な形でこのような「敬語」の入った表現を練習することは必要だと思うのですが、ただ単に「お」は丁寧(polite)だと教えると、このような誤解を生むことになります。「橋梁」を専門とする学習者が自分の専門を説明する際に、「私の専門はお橋でございます」と答えた例もあります。これも同様で、とにかく丁寧にするためには「お」をつければよいと考えるため、つけるべきでないものにまで「お」をつけてしまうことになるのです。

　また、反対に、「謙譲語」というのは"humble form"であると勉強すると、自分は humble にはなりたくない、と「敬語」の使用を拒否することになることもあります。先の、「敬語」は封建的なものであるという決めつけと同様、「敬語」がどのようなものであるかということを知らせないと、このような誤解に囚われて必要なことが学習できなくなることがあると言えます。

3.1.2 「敬語」は3分類でよいか

誤解C①「敬語」の教育には3分類でよい。

　上に述べた点は、一つには「尊敬語」「謙譲語」という名前から来る誤解であり、「丁寧」の実体を誤解したところから来る誤解でしょう。「敬語」を「尊敬語」「謙譲語」「丁寧語」の3つに分類することは学校教育の中で、特に文法で教えられるため、この分類、この名前の与える印象はとても強いものだと言えます。しかし、この分類は、古文を読解するための古典文法を勉強するときには適当なものですが、それをそのまま現代語にも当てはめたものであり、現代語での「敬語」の働きに即しているとは言

えません。現代，特に昭和30年以降は「敬語」の働きがそれまでとは大きく変化し，この3分類では収まりきれなくなっていると考えた方がよいのです。特に，「尊敬語」「謙譲語」という名前は一般的なのですが，尊敬しているから，あるいは，謙譲の気持ちを表す，などと誤解される原因となります。実際の使用を考えればわかるように，そのような気持ちがあるかないかにかかわらず，「敬語」を使うべき人に対して「敬語」を使うのであって，実際の使用と，気持ちが完全に連動しているとは言い難いのです。

　現代語の「敬語」を考えて，「敬語」の分類論がいくつも出されています。その中でも，「丁重語」「美化語」は多くの研究者によって支持され，研究者レベルでは少なくともこの2つを加えた5分類はほぼ合意が得られていると言えます。ただし，研究上は5分類でも教育上は3分類でよしとする研究者もいます。しかし，3分類とその名称は，様々な誤解を生みやすいことを考えると，現代の「敬語」を説明するためには，やはりそれに即した，誤解のない分類や名称で説明したほうがよいのではないでしょうか。第Ⅰ章2.6であげた分類はそのためのものです。「敬語」はあくまでも，今話している相手に対して配慮するために用いられるものであり，相手への配慮を表すことが「敬語」の基本であるということを学習者に理解させたいものです。

　また，「丁寧」を polite としか示さないと，日本語の「敬語」のシステムが相手やその場に対する配慮であることが理解されず，上に挙げたような誤用を生んでしまいます。「敬語」のシステムはあくまでも，人や場に対するもので，相手を尊重していること，この場が改まったものである点を理解していること，そのために相手側を高くし，自分側を高く表さないのであって，これは全て約束事であり，自分を実際に低く捉えているのではないという考え方を示すことが重要なのです。初級段階からこのような「敬語」の考え方を説明していく必要があるでしょう。

> **ポイント**
> - 「尊敬語」「謙譲語」といった「敬語」の分類,用語については現代にあった分類,名称を考え直したほうがよい。
> - 「敬語」は「場面」に応じて用いられるものだという考え方については,早い段階で学習者に理解させる必要がある。
>
> ●「敬語」に関する問題点●

3.2 「コトバレベル」の問題

3.2.1 「コトバレベル」に関する誤解

誤解A⑤「です」や「ます」(「コトバレベル・0」)を使って話す人は自分の周辺にはいない。普通の日本語を教えてほしい。

誤解A⑥先生と親しくなったから「コトバレベル・-1」で話したい。

誤解C②自己紹介では必ず「～と申します」というからそのように練習させる。

　留学生は初級段階が終わる頃,また,日本人学生とつきあったり,アルバイトを始めたりする頃になると,「です・ます」は普通の表現では使わない,というように言います。たしかに彼らのまわりにいる日本語母語話者が若い留学生に対して話す日本語は,教科書で勉強する「コトバレベル・0」のものとは異なることが多いと言えましょう。日本人学生も,このような「普通でない」日本語を留学生に教えることに対して疑問を持つことが多いのも事実です。

　また,親しくなったからと,だれに対しても「コトバレベル・-1」で話したがる学習者もいます。

　自己紹介などの決まった形を練習させる時,全体を考えずに「(自分の名前)と申します」などの表現を教えると,他の部分とあわずに不自然になることもあります。

3.2.2 「コトバレベル」の大切さ

　初級段階で「です・ます」体から始める利点について，教師は十分に理解しているでしょう。活用変化の少ない，学習しやすい形として「です・ます」体を使う，ということのほかに，最初に学習する日本語を文体の面から考えると，何より無難であるということがあります。だれに対しても「です・ます」体であれば少なくとも失礼にはならないという考え方と言えます。社会生活の基本として，このレベルを「ゼロ」と位置づけたのは，そのためでもあります。ただし，若い留学生にとって，社会生活の基本は「コトバレベル・0」というより，「コトバレベル・−1」なのかもしれません。少なくとも，彼らの耳にする，彼らに対して話される日本語のほとんどは−1レベルであると言えましょう。学生が，大学やアルバイト先，日常生活の中で出会う日本語母語話者の多くは，彼らと同年輩かあるいは彼らより年上であるのが普通です。若い留学生に対し，「コトバレベル・−1」で話しかけてくるのはごく当然のことでしょう。しかし，ここが日本語の「敬語」システムの難しいところなのですが，「コトバレベル・−1」で話しかけられても同じレベルで応じればよいわけではないのです。「敬語」のシステムには不合理な点があって，「敬語」に不慣れな若い人ほど，高いレベルの「敬語」を使わなければならず，慣れている年輩の人は，むしろ使う必要が少なくなるのです。若い人は「コトバレベル・−1」で話しかけられても，相手には「コトバレベル・0」あるいは「コトバレベル・＋1」で話さなければならないということがあります。自分に向かっては聞くことのない，丁寧なレベルで話すことを要求されるということです。現実として，親しくなっても，ある程度年齢差のある人に対しては「コトバレベル・−1」で話すことはしにくいでしょう。

　「タメ口」という言葉があります。言ってみれば「コトバレベル・−1」で話す，ということなのですが，わざわざこの言葉が存在するということが，このレベル差の問題の大きさを示しているとも言えます。レベル差があって，「コトバレベル・−1」では話すことのできない相手に対して「コトバレベル・−1」を使う，ということが「タメ口」の意味するもので

しょう。その意味でも,「タメ口」でいいかどうかということは重大な問題であると言えます。そして,「タメ口」を許可するのは必ず上位の人間だということです。下の者から勝手に低いレベルにすることは生意気だと嫌われることにもなるでしょう。しかし,さらに難しいことに,どのレベルで話すかということは,個人差が大きく,いつまでも丁寧に話す人もいれば,すぐにくだけた話し方をする人もいます。これは逆に言うと,その人の個性ということになりましょう。

　日本語教育で,「普通体」「丁寧体」という形で文体に関する教育は行われていますが,なぜそれが必要か,どのような意味があるのかについてはあまり注意が払われていません。文体に関してだけではないのですが,その形の持つ意味,実際に使われた時の印象など,使う場合の意識についてももっと認識する必要があるでしょう。レベル,文体は,現実的にはかなり重要な問題なのです。

ポイント

- 文体(レベル)の違いについて注意を払う必要がある。そのレベルの持つ意味,与える印象などについても教育が必要である。

●「コトバレベル」の問題●

3.3 「丁寧」の問題

3.3.1 「丁寧」であればよいのか

誤解A⑦とにかく丁寧にしたいから,「私の専門はお橋でございます」と
　　　　言いたい。
誤解A⑧自分は丁寧な言葉だけが使えるようになればよい。

　「敬語」を習得したいと考える学習者は,とにかく丁寧にしたい,と考えたり,丁寧な言葉だけを学習したがったりすることもあります。丁寧に

していればよいと考える学習者もいます。また，自分はいつも丁寧でありたいから，丁寧な言葉だけが使えるようになればよい，丁寧でない言葉は勉強する必要がないという学習者さえいます。逆に，先に挙げたように，−1レベルだけを習得すればそれでよしと考える学習者もいます。これらはすべて，「敬語」，丁寧さを固定的に考えることから来る誤解です。実際の言語使用を考えてみると，ほとんどの人が場面や相手に応じて，いろいろなレベルの言葉を使い分けていることがわかります。実際には，いつも言葉の丁寧な人，どちらかというとざっくばらんで言葉遣いには気を遣わない，いつもだれとでも友達言葉で接する人もおり，個人差も大きいのですが，それでも，ほとんどの場合，相手や場によって使い分けていると言えるでしょう。したがって，学習者には，なぜ，何のために「丁寧」にするのか，ということを知らせる必要があります。また，実際の生活の上では，いつでも同じような「丁寧」な話し方だけでは十分でないこともあると言えます。「敬語」は常に，相手によって，場によって「使い分ける」ことが求められるものであると言えます。その上で，「敬語」のシステムを理解させ，どのようにすれば丁寧な表現になるのかを教える必要があります。そうしなければ，ここに挙げたように，何でも「お」「ございます」をつければ丁寧になる，というような誤解が生じたり，必要以上に使って結局は誤用を多用しているといった例が生まれてくるのです。また，「丁寧」は「敬語」だけで表されるものではありません。むしろ，狭義の「敬語」を使わないいろいろな言葉遣い，配慮の表し方，「文話」の構成のしかたなどで丁寧さを出せることを身につけさせたいものです。どんな場面で何を使えば「丁寧」に表すことができるかということを習得する必要があると言えるでしょう。

3.3.2 「丁寧さ」のあり方

「丁寧さ」ということを考えた場合，相手をどのように扱うか，という観点から考えることが多いようです。その場合，相手の位置づけ，相手をどのように待遇するかということには関心が持たれますが，相手のことを

考えるだけでいいのでしょうか。この場合の位置づけはあくまでも相対的なものと考えられます。自分と相手との関係から相手の位置づけは決まってくるわけであり，自分の位置づけを考えずに相手を位置づけることはできません。丁寧さを考える場合，「自分自身」をどのように考えるかはとても大きな要素であると言えるのです。簡単なことで言えば，例えば，男性の場合，自称を「僕」にするか，「俺」にするか，あるいは「わたし」にするかで自分自身の捉え方は違ってきます。どのような自分を見せたいかという根本的な問題を抜きにして考えることはできません。

　そもそも，丁寧ということを考えた場合，自分を殺し，相手に迎合していれば，相手を丁寧に，上げて扱っておけば，相手に対して丁寧にすることは簡単であると言えましょう。相手の言うことを否定しない，断らないことは最も相手に対して配慮したことになります。しかし，それだけでいいのでしょうか。むしろ，相手に対して言いにくいことでも，「敬語」の力を借りれば言うことができるようになるということもあります。自分の言いたいことを丁寧にしながら相手に伝えることこそが求められていることだと言えるでしょう。自分を殺すのではなく，自分の言いたいこと，自分の表したいことをいかに相手に伝えるかということが大事なのではないでしょうか。それも，ただ伝えるだけでは十分ではありません。自分の言いたいことだけをいい，相手のことを考えなければ，場合によっては相手を怒らせることもあるでしょう。要は，けんかをするのは簡単，自分を殺すのも簡単，そのどちらでもなく，自分の伝えたいことを，相手にしっかり伝えることがコミュニケーションの基本であると言えるでしょう。そのためにこそ，「敬語」や「敬語表現」は存在するのだとも言えます。

ポイント

・「丁寧」の意味を考える必要がある。
・相手に配慮することだけが「丁寧さ」ではない。自分が表現したいことを相手に伝えるために「敬語表現」が必要になるのである。

●「丁寧」の問題●

3.4 「失礼」の問題

3.4.1 他の文化にもある「失礼」の考え方

誤解A⑨「敬語」を使わなかったら失礼になる。
誤解A⑩失礼になりたくないから文例集を写して書く。
誤解A⑪断ったら失礼になる，日本人は断らない。

　「失礼」という概念は，「敬語」「敬語表現」を考える上で欠かせないものです。何が「丁寧」なのかを考えることは，何が「失礼」に当たるのかを考えることと裏表になると言えます。同様に，「ぞんざい」という概念も「丁寧」「敬語」を考える上で欠かせないものです。

　「失礼」に関しては，特に，儒教文化圏とも言える，韓国，中国の学習者の中には「失礼であること」を極度に恐れ，それだけを考えるために，不自然になったり，かえって失礼になってしまったりすることもあるように思います。母文化の中で「失礼」に似た概念を持っている，あるいは，「失礼」という言葉そのものを持っていることが一つの原因であると考えられます。特に，「敬語」の考え方を知ると，「敬語」の精神を実践しようというより，「失礼でないこと」を主に考えることがあります。そのため，どうしたらいいのか，というより，こうしたら失礼にならないか，こう言ったら失礼にならないか，とそればかりに囚われる学習者もいるようです。失礼になりたくないために，とにかく何でも間違ってもいいから「敬語」を使う，手紙を書く場合にも失礼になりたくないから手紙の文例集をそのまま写して書く，など，かえって失礼になりそうな例も見られます。また，「日本人は丁寧」「日本人は断らない，NOとはいわない」という誤解から，丁寧にするためには断ってはいけない，断ったら失礼になると考える人もいます。この考え方は母文化の影響もあると言えないことはないのですが，失礼になるから断らないけれども実行はしない，ということが問題だとは考えないため，例えば，依頼を断らないが実際には行動をしないというような人も出てきてしまいます。また，依頼したことをなかなか

実行してくれない相手に対して，催促したり，そのことに言及したりすることは失礼だからと躊躇する人もいます。しかし，失礼だからといって催促しなければ，何も実現しません。失礼にならないように上手に催促する，そのために「敬語」や丁寧な表現があるといってもいいでしょう。

実際には，日本語の考え方の中では，誘いに対し断らないで，行くと言ったのに実際には行かなかった，というのは，断ることよりも失礼で，不誠実だと考えられる，ということが理解されていないのです。日本語の丁寧さは，直接の断りの言葉を使わずに，いかに上手に伝えるかということであって，断らないことが丁寧だというわけではありません。

このように，「失礼」の中身をきちんと認識しておかないと，自分の文化にある「失礼」の概念を当てはめて，日本語の中ではかえって「失礼」な行動をしてしまう恐れがあります。

3.4.2 日本語の「失礼」の概念

それでは「失礼」とはどういう概念なのでしょうか。簡単に言うと，「失礼」とは相手を認めないことだと思います。相手の存在を認めない，相手がどのような立場であるかを認めない，相手の考えを認めない，といったことが「失礼」につながるわけです。相手の言うことを認めない，相手の言動を否定する，などは，直接的に「失礼」なことです。また，相手に負担のかかることを要求する場合，相手を認めていれば，それ相応に配慮することが求められるわけですが，その配慮をまったくしないということは，相手を認めていないと示すことになるので，「失礼」になります。言いにくいこと，相手にとって負担になることを言う場合に，「丁寧」あるいは「礼」という衣に包めば，相手に配慮していることが示せます。相手に対するそうした配慮を示さないことが「失礼」に当たるのです。言いにくいことを言うために，配慮を示すために「敬語」があると考えるなら，その配慮を欠くことが即ち「失礼」だと言えるでしょう。相手に配慮しているならば当然会ったときにすべき挨拶を欠くことも「失礼」であり，相手を直接馬鹿にすることも「失礼」になります。

「依頼」は，相手に対して大きな負担を強いることでもありますが，むしろ，相手はそんな困難なこともできるような人間であることを自分が認め，相手に借りを作ることを行うという意味で，相手に対して丁寧になる表現にもなります。相手の行動に対する究極の丁寧さを表すことが「依頼」になるとも言えるわけです。その意味では，依頼する用件が小さいものであると示すことは，かえって「失礼」になるということがあります。丁寧にするためには，用件が小さいことを示すより，自分の利益が大きいことを示す方がよいのです。

　相手の能力を低く見積もるような言動は「失礼」になりますし，自分の利益を図ることが相手の当然の義務だというように示すことは，やはり「失礼」になります。相手の「決定権」を小さく見積もる，つまり，相手を大きな，親切な，能力のあるものと認め，自分はその庇護下にあることを示すことが「礼」を尽くしたことになり，それを認めずに自分は相手の庇護下にはないことを示すことが「失礼」になるのだと言えましょう。

　「失礼」の概念を分析し，どのようなときに失礼になるかを示さなければ，同じ漢語語彙を持つ文化では，「失礼」にまつわる不必要な誤解から抜け出せないでしょう。

3.4.3　「ぞんざい」の捉え方

　「ぞんざい」の意味も考えておくべき事柄です。「ぞんざい」は，「失礼」とは違った意味で，「丁寧」の対極にある言葉だからです。「ぞんざい」は，きれいではない，きちんとしていない，雑である，といった意味で，自分の行動のしかたを表す語彙です。「ぞんざい」にしないことは，「丁寧」であることの一つの大きな特徴であると言えましょう。「丁寧」には二つの方向があり，一つは「失礼でない」という，相手や相手の扱い方に関するものであり，もう一つは「ぞんざいでない」という，相手ではなく，自らの用件の扱い方に関するものだということです。「丁寧に扱う」という言い方があります。「敬語」と関わらない，ものの扱い方についての言い方ですが，粗略にではなく，気を入れて，きちんと，大事に扱う，ということ

とが「ぞんざいでない丁寧さ」であると言えましょう。「丁寧な人」という場合には「失礼ではない人」の意味ですが,「丁寧にする」のは「ぞんざいにしない」の意味になるのではないでしょうか。「丁寧」にはこの二つの意味があることは注目すべきことだと思います。「雑な人」はその人の性質を表しているようですが,「ぞんざいな人」という言い方はなく,「ぞんざい」はあくまでもそのときの人の行動を形容するものであると言えます。

> **ポイント**
> ・「失礼」は相手を認めないこと。「失礼」でないことが「丁寧」であるとも言える。
> ・「ぞんざい」ではないことも「丁寧」の一つの意味である。
>
> ●「失礼」の問題●

4.「母語話者」「非母語話者」の「敬語」の使い方

4.1 「母語話者」は「敬語」をどう使うか

誤解B⑥正しい「敬語」を使うべきだ。
誤解B⑦「敬語」の乱れには目に余るものがある。きちんと教えるべきだ。
誤解B⑧「敬語」の誤用が多い,誤用に気づかない人が多い。
誤解B⑨日本人は「敬語」をもっと使うべきだ/もっと簡素化するべきだ。

　母語話者が「敬語」をどのように使うべきかという問題は難しい問題です。というより,一つに決めることのできる問題ではないと思います。それぞれの人が自分の判断で,自分なりの表現をしていくしかないことで,もっと使うべきだとか,使わないほうがよいなどと一律に考えることには意味がありません。それぞれの人によって,また,その人の中でも使い分

けていくと言うことでしょう。一般論として，「敬語」をどうするべきか，という議論は意味がないと思います。「敬語」に関する議論は，ある人について，ある場面について，という特定の状況の中でしか意味がないように思います。また，どの程度の丁寧さを持って接したいのか，といった判断は個人個人によっても違いますし，個人の中での相手，状況によっても変わるものです。ですから，ある個人がもっと「敬語」を使った丁寧な言葉遣いを身につけたいと考えたならば，その人が自覚を持って言葉について考え，学び，磨いていく中で身につけるしかないものだと思います。

　もちろん，「敬語」に限らず，言葉全般に関して間違った使い方をしないように気をつけるべきでしょう。そのために，「敬語」の適切な使い方を勉強する必要があるのは言うまでもありません。しかし，それは，「おっしゃる」が「尊敬語」である，といった分類の勉強をするだけではなく，どういう使い方をするべきか，どのような使い方は間違っているか，という実際に即した勉強にするほうがいいでしょう。昨今広まっている「ご使用してください」「ご逝去される」といった誤用は，「敬語」の文法的な学習が足りないため，また，「お」は自分には使わない，という誤解から多用されると言えますが，実際に使う機会が少ないこともその原因の一つだと言えるでしょう。文法的な学習とともに，実際の場面でどのように使うべきか，実際に使われている場面を観察する中で使い方を学んでいくべきものでしょう。「敬語」に限らず，広く，相手や場に応じた言葉遣いについて意識を持ち，自分自身で磨いていく中で身に付いていくものだと思います。

> ポイント
>
> ・母語話者が自分自身の「敬語表現」をどうすべきかは，自分自身で決定し，自分の言葉を磨く努力をしていかなければならないものである。

●「母語話者」は「敬語」をどう使うか●

4.2 「非母語話者」は「敬語」をどう使うか

4.2.1 学習者・教師の考え方

誤解A⑫日本人と同じように「敬語」が使えるようになりたい。
誤解A⑧自分は丁寧な言葉だけが使えるようになればよい。
誤解A⑬アイデンティティの問題だ。
誤解B⑩外国人は「敬語」が使えなくて当然だ。使うとおかしい。/（日本語が上手なのに）自分を友達扱いして失礼な奴だ。
誤解C③正しい言い方を教えて使えるようにさせるべきだ。
誤解C②自己紹介では必ず「〜と申します」というからそのように練習させる。
誤解C④「敬語」を教えることは文化の押しつけになる。
誤解C⑤「つまらないものですが」などの言い方を教えなければいけない。/教える必要はない。
誤解C⑥ほめられて「いえいえ」などと言うのは，やめたほうがよい。
誤解C⑦個人によって言い方は異なる。何でも好きなように言えばよい。
誤解C⑧学生なのだからそんなに丁寧にしなくてもよい。

　この問題はいくつかに論点を絞ることができます。まず，非母語話者でも母語話者と同じように使うものであるべきなのかどうなのかという点，それも，非母語話者が自分自身の問題としてどう考えるかという見方と，母語話者の立場としてどう考えるかという面があります。規範的な「敬語表現」の指導については，母語話者として，非母語話者は母語話者と同じように使えなくて当然だ，同じように使わせるのは文化の押しつけになるから避けるべきだという考え方もあります。また，そのような規範は存在しない，自由にすればよい，という考え方もあります。積極的に使うとかえっておかしいから使うべきではないというような考え方もあります。学習者も前に述べたような誤解から，使いたくない，使うべきではないと考えている人もいます。逆に，学習している立場から，日本人と同じように

使えるようになりたいという希望もあります。特に，丁寧な言葉だけが使えるようになればよいという誤解も生まれます。「敬語表現」が上手に使えるようになり，日本人と同じような使い方ができるようになると，今度は，日本人ではない，自分のアイデンティティを失ったような気持ちを持つようになる学習者もいます。

4.2.2 「敬語表現教育」は避けて通れない

　まず，日本人と同じかどうかは別として，「敬語表現」を教えるべきかどうかという問題を考えてみたいと思います。日本語の「敬語表現」を教えることは文化の押しつけになる，日本人と同じようにする必要はない，と批判的に考える人がいますが，この意見にはどう答えたらよいでしょうか。

　まず，日本語を話す以上，「敬語表現」を避けて通ることはできないと思います。「敬語表現」そのものが，尊敬しているから使うといった自分の気持ちとは違ったところで使われる以上，一切の「敬語表現」なしに，すべての相手に対して友達のような「タメ口」(「コトバレベル・-1」)で話すことは事実上許されないでしょう。日本語が片言であればともかく，ある程度話せれば，そして，上手になれば上手になるほど，「敬語表現」を使わないことはある種の意思表示と受け取られる危険性を持っているため，自らの意図とは別に，失礼だ，生意気だという印象を与えることになりかねません。日本人と同じようにする必要はないにせよ，「敬語表現」の持つ意味を十分に説明し，理解してもらった上で，指導する必要があると思います。使わなければならない，という形で使わせるのではなく，使わなかった場合に与える印象を示し，使う場合の練習をした上で，実際に使うかどうかは本人の意思に任せるということが必要です。不利益になることがわかっても使いたくない，という意思があれば，それを尊重すべきでしょう。教師ができるのは，それが与える印象，使わなかった場合の不利益を説明することでしょう。上手に話せるようになった学習者が自分の主義だからと「敬語表現」を全く使わなかった場合，意図せずに誤解を与

える可能性があります。少なくとも教師としては，誤解によって不利益を被る可能性を考えざるを得ません。最終的な判断は学習者本人がすることだとした上で，「敬語表現」を使った場合の印象，使わなかった場合に与える印象については教える必要があるでしょう。十分な理解をした上で使い方を練習させることは，「文化の押しつけ」ということではないと思います。練習する際にはいつでも，「使いたくなければ使わなくてもいい，日本人と同じである必要はない」ということを示すことも大切です。これは，特に上級の学習者ほど，苦労して使えるようになったものの，アイデンティティの危機を感じるような例もあるので，注意が必要になるからです。

4.2.3 「おすすめ表現」

「規範」を教えるほうがよいという人がいます。逆に，日本人でもいろいろな言い方があるのだから好きなように言えばよいという人もいます。いずれも極端な考えでしょう。もちろん，一つの言い方だけを正しいものだとして教えることはできないので，可能性のあるいくつかの表現を並べた上で，自由に使わせるということだろうと思います。ただし，あらゆる表現について，それぞれが持つ意味，ニュアンスを教えることはできません。

そこで，短い時間で効果的に教えるためには，「おすすめ表現」を取り出し，おすすめの「文話」の流れを設定した上で，練習させることが効果的だと思います。これはある一つの「規範」を教える，ということではなく，練習の一つの方法であると言ってもいいでしょう。

「つまらないものですが」というような典型的な表現はよく教科書にも出てきますが，実際にはそんなことは言わないという人もいるようです。ほめられたとき，「いえいえ」というような謙遜した言い方は実際には使うけれども，好ましくない，今後はやめるべきだと考えて教えたくないと言う人もいるようです。何が「おすすめ表現」になるかについても，固定的に決まっているものだとは言えません。これも学習者の属性や状況に応

じて変わってくるものでしょう。ですから，この学習者にはこの表現を使うのがよいと考えられるものを，教師の判断で選べばいいと思います。ただし，実際に使われている表現であるならば，使うか使わないかは別として，また，「おすすめ表現」にする必要はないとしても，このような表現をするのだということには触れておく必要があると思います。

4.2.4 「敬語」に関する判断・使い分けの必要性

　「丁寧な言葉だけが使えるようになればよい」といった誤解を持つ学習者にどのように説明するかという問題があります。また，「女性の言葉は丁寧なのだから，女性のような言葉遣いができればよい」と誤解している男性学習者もいます。もちろん，いつでも丁寧であればよいわけではありませんし，また，男性が女性のような言葉遣いをした場合に与える印象については説明するまでもないでしょう。

　逆に，「『敬語』を使う日本人はいない」という誤解もあります。もちろん，周囲の日本語母語話者が学習者に対して丁寧な言葉遣いをしないからといって，日本人すべてが「敬語」を使わないわけではありません。

　このような誤解は，「敬語」，「敬語表現」を常に固定的なものであると捉え，常に一つのレベル，表現で済ませたいと考えることから来ていると思われます。「敬語表現」の重要な点は「相手」「場，状況」を判断し，そのときに適切な言葉を使い分けることであるとも言えます。そのため，表現の教育に際しては，常に，「相手」や「場，状況」を判断していくことの必要性を合わせて教える必要があります。年輩の人，立場が上の人に対しては，たとえ親しくなっても「コトバレベル・＋1」が必要になります。同年代の人に対しては，丁寧な言葉遣いだけではなく，親しみを込めた「コトバレベル・－1」の話し方も要求されます。同年代であっても余り親しくない場合や，立場が異なるような場合には「コトバレベル・0」になります。同様に，「場」のレベルも判断し，レベルに合わせた言葉遣いが必要です。大切なのは「使い分け」であって，「相手」や「場，状況」が判断できることも大切な「敬語表現」の要素であることを知らせる必要が

あるでしょう。

　また，「留学生は学生なのだから，そんなに丁寧な言葉を使わなくてもよい」という考え方もあります。しかし，問題は，学生はいつまでも学生ではないということです。さらに，学生ではなくなったときにそれを教えてもらえる環境が必ずしもあるわけではない，ということです。学生の間は学生言葉でもいいでしょう。しかし，学生時代の日本語を身につけたまま帰国し，年を経て社会的地位が高くなったときにも，学生の時と同じ日本語を話しているという例を見たことはないでしょうか。日本語母語話者であれば，社会生活の中で身に付けていくものが，留学生の場合，帰国してからの社会生活は日本語の環境ではないのです。そうした環境で「敬語」が自然に身に付くことは期待できません。そのため，現在は学生であっても，実際には「敬語」をそれほど使う必要がなくても，少なくともその理論と意識は身に付けておく必要があると思います。中級以上の学習者はその後も日本語を使い続ける可能性が高いわけですから，「コトバレベル・0」と「−1」の使い分け，さらには，「＋1」も使えるように練習したいものです。

ポイント

- ・「敬語表現教育」を避けて通ることはできない。
- ・「敬語表現」の持つ意味，与える印象を十分理解させた上で，どのように使うかは学習者の判断に任せる。
- ・「規範」を教えるのではなく，「おすすめ表現」を練習させる。
- ・「相手」や「場」を判断し，それに合わせた使い分けができることが目標となる。

●「非母語話者」は「敬語」をどう使うか●

5．「敬語」「敬語表現」をどう教えるか

　「敬語」や「敬語表現」に関する練習についても，様々な考え方があります。

誤解C⑨「敬語」をたくさん使った言い方を練習させたい。
誤解C⑩「お～になる」などの「敬語」形式をたくさん使わせた方がよい。
誤解C⑪「敬語」は初級の終わりに教えればよい。
誤解C⑫依頼などの言い方(機能会話)は一度教えれば何度も練習する必要はない。
誤解C⑬「敬語」の教育には3分類でよい。
誤解C⑭自己紹介では必ず「～と申します」というからそのように練習させる。

　こうした「誤解」について，どのように考えていけばよいのでしょうか。

5.1 「初級」で何を教えるか

　「敬語」はほとんどの初級教科書で最後の部分で扱われています。最近では，初級の初期にも，会話の中で「お名前は」「お国は」などの形で扱われていることもあり，文体の違いということで，フォーマル・インフォーマルの違いを強調しているものも見られます。「いらっしゃる」「おっしゃる」などの「敬語」をどこかでまとめて扱う必要はあるでしょうし，また，自然な会話の中で自然な形で出すことも必要だと考えられます。しかし，初級で最も必要になるのは，「敬語」の考え方だと言えます。東アジアの学生たちは「丁寧」という概念を持っているので，比較的問題なくこの考え方を受け入れますが，母語の「丁寧」が日本語と同じであるかどうかは検証が必要でしょう。また，母語で「丁寧」の概念を持っていない，特に欧米系の学生に対しては説明が不可欠です。初級段階で「丁寧」「敬語」と言った考え方を母語で説明できる教材の開発が望まれます。この考え方

をしっかり示すことができれば，特に初級で狭義の「敬語」を使った練習などはそれほど必要ではないと考えられます。基礎的な表現もおぼつかない段階で，「ご覧になりますか」や「○○と申します」などを無理に使わせる必要はありません。この段階では，そのような言い方があることを理解させることがまず必要であり，次に必要となるのは，「コトバレベル・0」と「コトバレベル・－1」の文体の差を身につけさせることでしょう。「尊重語」系の入る「コトバレベル・＋1」はこの二つの文体の差が身に付いてからでもよいと思われます。練習させるとすれば「いらっしゃる」「おっしゃる」などの使いやすい「直接尊重語」からでしょう。そのほかにも，「おはよう」「おはようございます」などの挨拶の形で，文体差を身につけさせたいものです。

ポイント

・初級段階では，無理に「敬語」を用いて表現させる必要はない。
・使いやすい「直接尊重語」から練習させるのがよい。

● 「初級」で何を教えるか ●

5.2 「中級」「上級」で何を教えるか

5.2.1 「中級」「上級」での練習

　中級以上になると，「敬語」を使いたい，使わせたいという学習者，教師の双方の希望から，「敬語」をとにかく使わせるという練習をすることもあります。しかしこれは危険なこともあります。「形」だけの練習は特に危険だと言えます。

　例えば，「お・ご～になる」の練習として，次のような質問をさせることがあります。

　「この本をご覧になりましたか。」（何のためにそんなことを聞くの？）

「新幹線にお乗りになりましたか。」(何のために？)
「お茶をお飲みになりますか。」(勧めているの？)
「お茶をお飲みになりたいですか。」(勧めの表現としては不適切では？)
「中国語はおできになりますか。」(こんな聞き方は失礼では？)

　しかし，どの質問に対しても，（　）内のような反応が返ってくるのではないでしょうか。相手の動作として表そうとするため，どうしても質問の形になりますが，質問する，ということは何を意味しているかを考えなければ失礼な表現になりかねません。特に，「～たい」の形で相手の意思，希望などを直接的に問うことは問題になるでしょう。相手の能力を問う「できる」の形も同様です。

　単に「形」の練習をするということよりも，「場面」を設定し，例えば下記のような，相手に過去の経験を聞くというような形で使う練習をすると，幾分自然な形での練習になります。

「○○にいらっしゃいましたか。/いらっしゃったことがおありですか。」

　この場合，よく使う形を最初に示し，練習をしておくことができます。また，そのインタビューの内容を第三者の行動を描写するという形で，質問した内容を他者に(クラスで)発表するという形式の練習もできます。これも，いくつか使いやすい例を示しておくほうが，不自然さや失礼な例を避けることができます(具体的な練習については第Ⅰ章参照)。

　中級以上では，文体の違いや「敬語表現」の考え方などについても理解させる必要があると言えます。中級以上の教科書の中で，文体を「フォーマル」「インフォーマル」の2分類で表すものが見られますが，これに，「丁寧なインフォーマル」を加えなければ十分ではないと思います。やや改まった「場」での，崩さない，そして丁重語が使われる「フォーマル」，日常の会話，友達との会話，くだけた表現の多い「インフォーマル」に加え，日常の場面ではあるが，「目上」の，丁寧にしなければならない相手に対するもの，「コトバレベル・＋1」ではあるが，くだけた表現も混じる

「丁寧なインフォーマル」，この3つのレベルの違いを練習させる必要があるでしょう。

5.2.2 「機能会話」の練習

　「依頼」「誘い」などを「機能会話」として，練習させることがあります。これは，例えば「(それを取っ)ていただけませんか。」などの表現形式に「依頼」の「機能」があると考え，その「機能」を練習するという意味で使うものです。ある具体的な表現に「機能」があると考えるより，「依頼」という「表現意図」がある場合に，「(それを取っ)ていただけませんか。」という具体的な表現をよく使う，というように考えたいものですが，ここではその問題には触れません。ここでは，そのような「機能会話」と呼ばれるものを，いつ，どのように練習すればよいのかということを考えたいと思います。

　「〜していただけませんか」というような形は初級後半で出てくることも多く，その形を使った依頼の会話は初級教科書にも出てきます。そのため，この形は習得済みである，簡単に練習すればよいと考えがちです。しかし，そんなに簡単でしょうか。初級で，中級で，そして上級でも，このような「依頼」の練習は必要です。それもかなり時間をかけて練習する必要があります。会話の形で一度読んだからと言って，実際に依頼表現として使うことはかなり難しいものです。実際の練習では，ふさわしい状況を作り，その中で，もちろん，一文だけではなく，一連の「文話」として練習させる必要があります。たくさんの状況を作る必要はなく，一つの例だけでも，全員に同じように言わせる練習が必要でしょう。それも，この練習はだいたいできればよい，のではなく，不自然なところがないようになるまで練習させたいものです。型を示し，それを言わせてみる，しかし，間違っていたり，不自然なところが必ず出てきたりします。それを指摘した上でもう一度練習させ，最後にもう一度，一連の流れとして完全に言えるようになるまで練習させるのです。この練習だけでも，学習者が10人以上いれば1コマの授業では足りないくらいです。このような練習をそれ

それの「表現意図」別にする必要があります。それも，習熟度別に，そのレベルにあった表現を選んで使わせる必要があるでしょう。レベル，その学生にあった表現を選ぶのは教師の力だと思います。

5.2.3 「文体」の問題

　これまでにも何回か触れましたが，「敬語表現」の問題として，もっと扱いたいものに「文体」の問題があります。書き言葉では「です・ます」体と「だ・である」体の混合は問題になりますし，指導もされるところです。しかし，この問題は文末の問題だけではありませんし，話しことばでも重要なところです。文末だけの問題をとっても，上級になっても，書き言葉に「である」「だ」「です・ます」を混ぜて書く学習者が大勢います。このことは初級からもっと厳しく指導されるべきではないかと思います。また，書き言葉の中に「しちゃった」「じゃない」「でも」「してくれたね」などの話しことばの形もよく見られます。初級後半から，文体の別をもっと指導してもいいのではないでしょうか。上級になるとなかなか直りませんし，早いうちからそのような意識をつけてもらいたいと思います。これは文末の問題だけではなく，全体的な調子の問題でもあります。漢語の割合にも関係してきます。文体をそろえること，全体の調子をそろえることはもっと早い時期から注意したいものです。

　話し言葉でも同様です。特に日本に慣れ，日本人の友人ができたり，アルバイトをしたりするようになると，言葉の全体の調子が−1レベルになってきます。見逃してしまいがちですが，中級レベルではもちろん，初級でも，「コトバレベル・0」と「コトバレベル・−1」を分けることは重要で，この意識を身に付けてもらいたいと思います。特に中級以上になって，「コトバレベル・−1」でしか話せない状態になっている学習者をよく見かけます。そして，それがいいと思っている，あるいは，「コトバレベル・0」で話すのは「冷たい」からよくないと思っている学習者も多いのです。文体を分けることの必要性，重要性を早くから知らせ，その練習をしたいものです。日本で生活をしている留学生は，「コトバレベル・−1」

は特に指導しなくても身に付くことが多く，その後で「コトバレベル・0」を身につけさせるのに苦労します。やっと意識ができたと思っても，夏休みなどの長期の休みですっかり忘れてしまう，ということも珍しくありません。実際に日本の社会の中で，日本語によって生活する場合，それでは困ります。特に，学生のうちはいいのですが，上手になればなるほど，そして社会人になってから，「コトバレベル・−1」しかできないと，本人が困ることになります。特にその意図がないのに，失礼な，不作法な印象を与えかねません。少なくとも学校で，教師に向かって話すときには，「コトバレベル・0」は守らせたいものです。「コトバレベル・+1」の高いレベルの「尊重語」を使っても，全体の文体が「コトバレベル・−1」では何もなりません。高いレベルの尊重語を使うことより，全体を「コトバレベル・0」でそろえることを先に身に付けさせたいものだと思います。

　ただし，話し言葉の場合，「です・ます」体と「だ・である」体の混合が自然に起こることもよくあります。上級段階になったときには，すべてが「です・ます」，「だ・である」で統一されているわけではないことにも留意させる必要があるでしょう。

┌─ ポイント ─────────────────────
│
│ ・「形」の練習ではなく，「場面」において「意図」を持った表現練習
│ 　にすることが大切である。
│ ・「機能会話」の練習は，初級から上級まで必要になる。実際に一連
│ 　の流れとして言えるところまで練習することが大切である。
│ ・「文体」の違いに関する指導をすることも重要な課題である。
│　　　　　　　　　　　　● 「中級」「上級」で何を教えるか ●
└─────────────────────────────

6. これからの日本語教育のために

　「敬語表現教育」における,「敬語」「敬語表現」をめぐる数々の「誤解」とそれをどのように考えていったらよいかについて述べてきました。これからの日本語教育において,日本語の教師は,「敬語」や「敬語表現」に関する正確な知識を持ち,学習者が「敬語」を適切に使えるように,適切な「敬語表現」が使い分けられるように教育すること,そして,学習者に誤解を与えないような教材を開発することが望まれます。同時に,日本語教育の観点からの,日本語の母語話者のための教材も必要になると言えるかもしれません。母語話者も,自分自身の言語生活を自覚し,自らの言葉や表現を磨いていくために日々研鑽を積む必要があると言えるでしょう。

注

1) 町田健・籾山洋介・滝浦真人・堀川智也(1997)『言語学大問題集163』大修館書店
2) 『待遇表現』(1971)文化庁
3) ウィリアム・S・ハウエル，久米昭元(1992)『感性のコミュニケーション』大修館書店
4) Wiemann, J. M. (1977) "Explication and test of a model of communicative competence." pp. 195-213, *Human communication Research*, 3.
石井敏(1990)「言語能力のほかに何が必要か—コミュニケーション能力」古田暁監修，石井敏・岡部朗一・久米昭元・平井一弘『異文化コミュニケーションキーワード』pp. 188-189, 有斐閣
5) Cupach, W. R. & Imahori, T. T. (1993) Identity management theory : Communication Competence in intercultural episodes and relationships. In R. L. Wiseman & J. Koester (Eds.), *Intercultural communication competence. International and Intercultural communication annual volume*, XVII., pp.112-131. Newbury Park, CA : SAGE Publications.
6) Birdwhistell, R. L. (1970) Kinesics and context : in "Body motion communication." Jones, B. (ed.) Philadelphia : University of Pennsylvania Press.
7) 『高等学校 現代語』(1997)東京書籍
8) 清ルミ(2004)「大学生の敬語・若者ことばに関する意識と対人コミュニケーション教育方法試論」『常葉学園大学研究紀要 外国語学部』第21号，pp. 11-20
9) 川口義一(1987)「日本語初級教科書における敬語の扱われかた」『日本語教育』61号，日本語教育学会
10) ピッツィコーニ，バルバラ(1997)『待遇表現からみた日本語教科書 初級教科書五種の分析と批判』くろしお出版
11) 以下の2つをご参照ください。
    ・清ルミ(1995)「上級日本語ビジネスピープルのビジネスコミュニケーション上の支障点――インタビュー調査から教授内容を探る」『日本語教育』第87号，日本語教育学会
    ・清ルミ(1997)「外国人社員と日本人社員――日本語によるコミュニケー

ションを阻むもの」『異文化コミュニケーション研究』第 10 号，神田外語大学異文化コミュニケーション研究所
12) 蒲谷宏・川口義一・坂本恵(1998)『敬語表現』大修館書店
13) 清ルミ(1996)「会話運用能力を向上させるための授業の試み——国際部 J 6 クラスを対象に」『講座日本語教育』第 31 分冊，早稲田大学日本語研究センター
14) 清ルミ(2004)「コミュニケーション能力育成の視座から見た日本語教科書文例と教師の"刷り込み"考——『ないでください』を例として」『異文化コミュニケーション研究』第 16 号，神田外語大学異文化コミュニケーション研究所
15) 清ルミ(2003)「つまらないものですが考——実態調査と日本語教科書の比較から」『異文化コミュニケーション研究』第 15 号，神田外語大学異文化コミュニケーション研究所
16) 菊地康人(1996)『敬語再入門』丸善ライブラリー
17) 文化庁文化部国語課(2000)『衛星通信を活用した日本語教育の推進』文化庁
18) TOP ランゲージ(1993)『実用ビジネス日本語——成功への 10 章』アルク
19) ことばと文化センター CLC 日本語学院(1996)『実用日本語ビジネスマン物語——80 の場面で学ぶビジネス会話とマナー』凡人社
20) 米田隆介ほか(1996)『商談のための日本語』スリーエーネットワーク
21) Business Japanese Forum(1991)《Talking Business In Japanese》The Japan Times
22) 蒲谷宏・川口義一・坂本恵(1998)『敬語表現』大修館書店
23) 清ルミ(2006)『NHK テレビ日本語講座　新にほんごでくらそう』テキスト 4.5 月号，6.7 月号，8.9 月号，日本放送出版協会
24) 野村敏夫(2001)「国民の言葉意識——『言葉の乱れ』をどう捉えるか——」『日本語学』20 巻・8 号，明治書院
25) 記述には以下を参考にしています。
吉島茂/大橋理枝（他）(2004)『外国語教育II——外国語の学習、教授、評価のためのヨーロッパ共通参照枠——』朝日出版社
26) Association for Japanese-Language Teaching(1990-97)《Japanese for Busy People II，III》Kodansha International
27) Association for Japanese-Language Teaching(1998)《Japanese for Proffesionals》Kodansha International

28) このような考え方については，以下をご参照ください．
   ・蒲谷宏・川口義一・坂本恵(2003)「THK(待遇表現研究会)関係参考文献」『待遇コミュニケーション研究』創刊号，早稲田大学待遇コミュニケーション研究会
   ・川口義一(2004)「表現教育と文法指導の融合――『働きかける表現』と『語る表現』から見た初級文法――」『ジャーナルCAJLE』第6号，カナダ日本語教育振興会
   ・川口義一(2005)「表現教育への道程――『語る表現』はいかにして生まれたか――」『講座日本語教育』第41，早稲田大学日本語教育研究センター
29) その文法指導への応用に関しては，以下をご参照ください．
   川口義一(2001)「日本語教育のための『文法』――表現者のための文法記述――」『日本語学』20巻・3号，明治書院
30) 岡本輝彦・木川和子・辻本澄子・松井充子(2002)『語学留学生のための日本語II』凡人社
31) 山本真紀代・久野由宇子・三国純子・安藤葉子・工藤節子・金田智子(2004)『文化中級日本語I』第二版，文化外国語専門学校
32) このようなスピーチの性格については，以下をご覧ください．
   蒲谷宏・川口義一・坂本恵(1998)『敬語表現』大修館書店
33) 以下をご覧ください．
   ・川口義一(2004)「表現教育と文法指導の融合――『働きかける表現』と『語る表現』から見た初級文法――」『ジャーナルCAJLE』第6号，カナダ日本語教育振興会
   ・川口義一(2005)「文法はいかにして会話に近づくか――『働きかける表現』と『語る表現』のための指導――」『フランス日本語教育』第2号，フランス日本語教育会
   ・川口義一(2005)「表現教育への道程――『語る表現』はいかにして生まれたか――」『講座日本語教育』第41，早稲田大学日本語教育研究センター
34) このあたりの事情については，以下をご参照ください．
   蒲谷宏・川口義一・坂本恵(1998)『敬語表現』pp.121-131，大修館書店
35) このような依頼表現の選択条件については，以下をご覧ください．
   蒲谷宏・川口義一・坂本恵(1998)『敬語表現』pp.136-142，大修館書店
36) 文法・文型同の方面における，筆者のこの課題への取り組みが以下に紹介

されています。ご参照ください。
- 川口義一(2004)「表現教育と文法指導の融合――『働きかける表現』と『語る表現』から見た初級文法――」『ジャーナルCAJLE』第6号，カナダ日本語教育振興会
- 川口義一(2005)「文法はいかにして会話に近づくか――『働きかける表現』と『語る表現』のための指導――」『フランス日本語教育』第2号，フランス日本語教育会
- 川口義一(2005)「中級会話の落とし穴――談話記述の精緻化に向けて」『ヨーロッパ日本語教育』9，ヨーロッパ日本語教師会・フランス日本語教育会

参考文献

石井敏(1990)「言語能力のほかに何が必要か——コミュニケーション能力」古田暁監修 石井敏・岡部朗一・久米昭元・平井一弘『異文化コミュニケーションキーワード』有斐閣

ウィリアム・S・ハウエル, 久米昭元(1992)『感性のコミュニケーション』大修館書店

蒲谷宏(2002)「『意図』とは何か——『意図』をどのように捉えるか——」『早稲田大学日本語研究教育センター紀要』15

蒲谷宏(2003)「『表現行為』の観点から見た敬語」『朝倉日本語講座8　敬語』朝倉書店

蒲谷宏(2003)「『待遇コミュニケーション教育』の構想」『講座日本語教育』第39分冊，早稲田大学日本語研究教育センター

蒲谷宏(2004)「『日本語教育』における『文法』の教育を問い直す——『〈言語＝行為〉観』に基づく『日本語教育』の立場から——」『早稲田大学国語教育研究』第24集，早稲田大学国語教育学会

蒲谷宏・川口義一・坂本恵(1998)『敬語表現』大修館書店

蒲谷宏・川口義一・坂本恵(2003)「THK(待遇表現研究会)関係参考文献」『待遇コミュニケーション研究』創刊号，早稲田大学待遇コミュニケーション研究会

蒲谷宏・待遇表現研究室(2003)「『待遇コミュニケーション』とは何か」『早稲田大学日本語教育研究』2，早稲田大学大学院日本語教育研究科

川口義一(1987)「日本語初級教科書における敬語の扱われかた」『日本語教育』61号，日本語教育学会

川口義一(1998)「初中級文法指導の文脈化」『AJALT』No.21，国際日本語普及協会

川口義一(2001)「日本語教育のための『文法』——表現者のための文法記述——」『日本語学』第20巻・第3号，明治書院

川口義一(2004)「表現教育と文法指導の融合——『働きかける表現』と『語る表現』から見た初級文法——」『ジャーナルCAJLE』第6号，カナダ日本語教育振興会

川口義一(2005)「文法はいかにして会話に近づくか——『働きかける表現』と『語る表現』のための指導——」『フランス日本語教育』第2号，フランス

日本語教育会

川口義一(2005)「中級会話の落とし穴——談話記述の精緻化に向けて」『ヨーロッパ日本語教育』9，ヨーロッパ日本語教師会・フランス日本語教育会

川口義一(2005)「日本語教科書における『会話』とは何か——ある『本文会話』批判——」『大学院日本語教育研究科紀要』第6号，早稲田大学大学院日本語教育研究科

川口義一(2005)「表現教育への道程——『語る表現』はいかにして生まれたか——」『講座日本語教育』第41，早稲田大学日本語教育研究センター

川口義一・蒲谷宏・坂本惠(1998)「待遇表現としての『ご挨拶』について」『早稲田日本語研究』6，早稲田大学国語学会

川口義一・蒲谷宏・坂本惠(2002)「待遇表現としての『誘い』」『早稲田大学日本語教育研究』創刊号，早稲田大学大学院日本語教育研究科

菊地康人(1996)『敬語再入門』丸善ライブラリー

坂本惠(2001)「敬語と敬意表現」『日本語学』20-4，明治書院

坂本惠(2001)「敬語から敬意表現へ」『SCIENCE of HUMANITY』Vol. 32，勉誠出版

品田潤子・吉田依子・内海美也子(2005)「ビジネス日本語のCan-do-statementsの記述——目標設定・プログラム作成・評価のために——」『2005年度日本語教育学会春季大会予稿集』日本語教育学会

清ルミ(1995)「上級日本語ビジネスピープルのビジネスコミュニケーション上の支障点——インタビュー調査から教授内容を探る」『日本語教育』第87号，日本語教育学会

清ルミ(1996)「会話運用能力を向上させるための授業の試み——国際部J6クラスを対象に」『講座日本語教育』第31分冊，早稲田大学日本語研究センター

清ルミ(1997)「外国人社員と日本人社員——日本語によるコミュニケーションを阻むもの」『異文化コミュニケーション研究』第10号，神田外語大学異文化コミュニケーション研究所

清ルミ(1998)「ビジネス会話ワークショップにおける待遇表現学習の試み」『講座日本語教育』第33分冊，早稲田大学日本語研究センター

清ルミ(2003)「つまらないものですが考——実態調査と日本語教科書の比較から」『異文化コミュニケーション研究』第15号，神田外語大学異文化コミュニケーション研究所

清ルミ(2004)「大学生の敬語・若者ことばに関する意識と対人コミュニケー

ション教育方法試論」『常葉学園大学研究紀要　外国語学部』第 21 号
清ルミ(2004)「コミュニケーション能力育成の視座から見た日本語教科書文例と教師の"刷り込み"考──『ないでください』を例として」『異文化コミュニケーション研究』第 16 号，神田外語大学異文化コミュニケーション研究所
清ルミ(2006)『NHK テレビ日本語講座　新にほんごでくらそう』テキスト 4.5 月号，6.7 号，8.9 月号，日本放送出版協会
清ルミ(2006.6)「禁止の場面における現実の言語表現──医師と美術員の場合」『世界の日本語教育』第 16 号，国際交流基金
東京書籍(1997)『高等学校　現代語』東京書籍
野村敏夫(2001)「国民の言葉意識──『言葉の乱れ』をどう捉えるか──」『日本語学』20 巻・8 月号，明治書院
ピッツィコーニ，バルバラ(1997)『待遇表現からみた日本語教科書　初級教科書五種の分析と批判』くろしお出版
文化庁(1971)『待遇表現』文化庁
文化庁文化部国語課(2000)『衛星通信を活用した日本語教育の推進』文化庁
町田健・籾山洋介・滝浦真人・堀川智也(1997)『言語学大問題集 163』大修館書店
吉島茂/大橋理枝（他）(2004)『外国語教育 II──外国語の学習、教授、評価のためのヨーロッパ共通参照枠──』朝日出版社
早稲田大学待遇コミュニケーション研究会(2003-2005)『待遇コミュニケーション研究』創刊号──3 号

Birdwhistell, R. L. (1970) Kinesics and context： in "Body motion communication." Jones, B. (ed.) Philadelphia: University of Pennsylvania Press.
Cupach, W. R. & Imahori, T. T. (1993) Identity management theory: Communication Competence in intercultural episodes and relationships. In R. L. Wiseman & J. Koester (Eds.), *Intercultural communication competence. International and Intercultural communication annual volume*, XVII., Newbury Park, CA: SAGE Publications.
Wiemann, J. M. (1977) "Explication and test of a model of communicative competence." *Human communication Research, 3*.

ポイント一覧

第Ⅰ章 「敬語表現」と「敬語表現教育」
【5〜6ページ】
- 「敬語表現」は，「人間関係」や「場」に配慮した表現の使い分けおよびその表現のことである「待遇表現」の一種である。「敬語表現」もこうした観点により位置づけ，扱っていく必要がある。敬語が問題なのではなく，敬語表現が問題なのである。
- 敬語教育は，敬語を「いらっしゃる」や「申し上げる」といった言葉としてではなく，表現として考えることが大切である。敬語の教育が問題なのではなく，敬語表現の教育が問題なのである。

【7ページ】
- 「待遇コミュニケーション」（「待遇表現」と「待遇理解」との総称）の中で，敬語に関係するものを「敬語コミュニケーション」と呼ぶ。
- 「敬語コミュニケーション」としての「敬語表現」も，表現と理解の「やりとり」と「くりかえし」において成立する。それは，「敬語表現教育」を考えるときにも重要な観点となる。

【8ページ】
- コミュニケーション・言語を扱うときには，その「主体」を考えることが最も重要である。「主体」には「コミュニケーション主体」「言語主体」（「表現主体」「理解主体」）がある。

【10ページ】
- 「敬語コミュニケーション」「敬語表現」を考える際に，「場面」（「人間関係」と「場」の総称）は最も重要なものとなる。

【10〜11ページ】
- 「意図」とは，「主体」がその何らかの行為によって何かを実現しようとする自覚的な意識のことである。「意図」の内容を実現するための工夫や配慮と「敬語表現」とは密接な関わりがある。
- 「理解主体」の立場からは，「相手」となる「表現主体」は，なぜ，何のために，何を叶えようとして，そう表現したのかを考えることが重要である。

【11〜12ページ】
- 「敬語表現」を考えるための単位は，語や文ではなく，「文話」（文章・談話の総称）の単位である。「文話」単位で考えるということは，すなわち，「主

体」や「意図」,「人間関係」や「場」を考えるということである。

【15ページ】
- 「敬語表現教育」を考えるための枠組みとして,「主体」「場面」「意図」「表現形態」「題材」「内容」「言材」「文話」「媒材」「待遇行動」などがあるが,これらはすべて相互に関連している。これらは,複雑そうに見えるが,コミュニケーションを考えるための常識的な枠組みである。
- 「敬語表現教育」は,「敬語コミュニケーション教育」として捉える必要がある。言葉「表現形式」から入るのではなく,コミュニケーションから考えていけばよい。

【20ページ】
- 「相手」の位置づけは,大きく3段階で考えるとわかりやすい。例えば大学生であれば,「相手レベル・＋1」は「教師」,「相手レベル・0」は「それほど親しくないクラスメート」,「相手レベル・−1」は「親しい友人」などとなる。
- 「相手レベル」は,単なる「上下関係」で決まるものではなく,「上下関係」と「親疎関係」を合わせたものである。
- 「相手レベル」は,「コトバレベル」と対応する。例えば,「相手レベル・＋1」は「いらっしゃいますか」などと,「相手レベル・0」は「行きますか」などと,「相手レベル・−1」は「行く？」などと対応することになる。
- 「コトバレベル」は,基本的に「相手レベル」と対応させるために,0レベルを「通常語＋です・ます」,＋1レベルを「敬語＋です・ます」,−1レベルを「通常語のみ」,というように設定しておくとわかりやすくなる。
- 「話題の人物」には,「自分」側の「話題の人物」,「相手」側の「話題の人物」,「自分」と「相手」に関係する「話題の人物」,「自分」にも「相手」にも関係しない「話題の人物」の4種類がある。それぞれ,「相手レベル」と同様に「話題の人物レベル」の＋1,0,−1を設定することができる。
- 「相手レベル」「話題の人物レベル」は,そのときの「コミュニケーション主体」がだれであるかによって,相対的に決まってくる点に留意する必要がある。

【22ページ】
- 「場」の位置づけも,大きく3段階で考えるとわかりやすい。例えば,社会人であれば,「場レベル・＋1」は「改まった会議や式典」,「場レベル・0」は「通常の職場」,「場レベル・−1」は「居酒屋での懇親会」などとなる。
- 「場レベル」は,「場」の「改まり度」と考えるとわかりやすい。「改まり度」

は，言い換えれば「改まり」と「くだけ」の程度であり，「場レベル・＋1」は，「改まり度」が高く，「場レベル・－1」は，「くだけ」の程度が高いということである。

【23ページ】
・学習者には，具体的な「意図」を考えさせる。〈こういうことを実現するためには，どう表現すればよいのか〉を考えさせることが大切である。

【24ページ】
・「表現意図」を「文」と対応させるのではなく，「文話」と対応させる。例えば，「依頼」という「表現意図」は，1文（「その本を取ってもらえますか。」）ではなく「文話」単位で実現すると考える必要がある。

【28～29ページ】
・「敬語」の知識があれば適切な「敬語表現」になるわけではないが，適切な「敬語表現」のためには，やはり「敬語」の知識は必要である。「敬語」は，重視しすぎても軽視しすぎてもいけない。
・敬語の整理・敬語の新分類
「尊重語」（「直接尊重語」「恩恵直接尊重語」「間接尊重語」「恩恵間接尊重語」）・「丁重語」・「尊重丁重語」・「美化語」・「尊卑語」（「相手尊重語」「自己卑下語」）・「文体語」（「丁寧文体語」「丁重文体語」）
・「敬語」も常に「文話」の中で考えていく。「敬語」だけを取り上げて学習しない。

【45ページ】
・教育/学習を言語生活の実態に適応させるために，プロジェクトワークや「コミュニケーション活動型授業」を行うことは有効な方法となる。
・活動型の授業を単なる活動に終わらせないためにも，コミュニケーション行為に関する「ふりかえり」の段階が重要となる。

第Ⅱ章 「気づき誘導」を求めて
——社会人・大学生に必要な待遇表現教育を模索する

【49ページ】
・待遇表現教育は人への配慮の示し方を探る教育である。
・人にどう受け取られるか感知するレーダーをつくることが大切である。

【50ページ】
・待遇表現教育には，非言語コミュニケーション教育も重要である。
・言語形式だけでなく，パラ言語の教育も見逃せない。

【55ページ】
・今までの敬語指導は，形式の変換と，上下関係の強調が多い。このことが，現実生活での敬語使用を阻害している。
・社会人予備軍は「コンビニ敬語」「ファミレス敬語」をうのみにする。逆にそれを排除しようとする社会のアレルギーも強い。いずれも表現意図に対する眼差しが欠けている点で一致している。
・「敬語」以前に，コミュニケーションとは何か，母語である日本語とコミュニケーションスタイルの特徴はどんなか，とらえ直すことが必要である。

【57ページ】
・外国人に対する敬語表現指導は，通常，初級後半から中級にかけて行われているが，初級の早い時期からの導入が必要である。

【59ページ】
・教科書の扱いは，場面，人間関係などの設定が限定的である。表現を教えるのではなく，表現を決定するまでの過程でどのようなファクターを重視して選択するのかに着目させる「気づき」誘導の指導が必要である。
・「働きかける」か「応じる」かの敬語指導が多いが，長いモノローグで「述べる」ための敬語指導が急務である。

【63ページ】
・配慮表現の導入が適切に行われていない。配慮表現の指導を適切に行う必要がある。
・言語形式だけでなく，日本人の言語文化や発想から解説する必要がある。

第Ⅲ章　ビジネス場面に対応する敬語表現
―― 習得を促すアプローチの方法

【79ページ】
・学習者やその周囲の日本語母語話者の「敬語」についての理解は「狭義の敬語」にとどまることが多い。
・学習者の待遇表現の運用が適切かどうかを判断するのは，学習者とビジネス場面を共有する周囲の日本語母語話者である。
・多くの場合，学習者の周囲の日本語母語話者が学習者の日本語力を判定する材料は「待遇表現」が適切かどうかである。

【81ページ】
・学習者が各自の「待遇表現運用基準の枠組み」に照らした日本語の待遇表現の運用基準を構築することを促す。

- 受信（理解）を先行させて授業を組み立てる。
- 学習者の不利益や失敗を回避する。

【85ページ】
- 授業と現実場面をつなぐのは，日本語授業の当事者であると同時に実際のビジネス場面に接している学習者自身である。
- 会話の観察や分析によって，理解力を高める。
- 場面依存度の高い表現から導入して，敬語表現の使用に自信を持たせる。
- 学習者主導で場面を設定した想定場面練習で，学習者自身が当事者となるビジネス場面のシミュレーションを行う。

【86ページ】
- 達成目標は，学習者に取材して設定する。
- 達成目標は，情報の授受（「受信」「発信」「やりとり」）のどの部分に重点をおくか，情報の質と量，当事者間の利害関係や意向，リソース活用が可能かどうか，などを考慮して設定する。
- 達成目標を「何が，どのようにできるか」として記述し，学習者と教師の間で明示的に共有する。

【107ページ】
- 学習者の環境を理解し，学習者の立場を尊重する。
- 学習者の属する狭義のビジネス社会の規範を知る努力を怠らない。
- 教師自身の「敬語表現の偏差」を意識的に確認する機会を設ける。

第Ⅳ章 初級からの敬語表現教育

【112ページ】
- 敬語表現指導は，あくまでも「表現」の指導でなければならない。
- 指導項目は，適切に「文脈化」されていなければならない。
- 指導のために提示された文脈は，「自然」なものでなければならない。
- 指導される表現は，適切に「精緻化」されていなければならない。

第Ⅴ章 「敬語表現教育」における「誤解」をどのように考えるか

【144ページ】
- 日本語の学習者・教師・母語話者それぞれに，「敬語」や「敬語表現」に関する「誤解」が多い。「知識」の学習によって，「敬語」に関する「誤解」が広がっていると考えられる。

【147ページ】
- 「敬語」の捉え方として，「敬語」は封建的なものである，「敬語」は必要悪である，といった考え方や，「敬語」は日本語独自のものである，「正しい敬語」を使う必要がある，といった考え方があるが，いずれも根強い「誤解」だと言えるだろう。

【153ページ】
- 相手や場によって言葉を使い分けることは，多くの言語でも行っていることである。「敬語」だけではなく「待遇表現」として見れば，それは日本語独自のものではない。
- 「敬語表現」はその時代の社会における考え方を反映したものであり，その意味では一つの「文化」ではあるが，それを継承することだけを考える必要はない。
- 「敬語」は社会人としてお互いの立場を「尊重」する気持ちで使うものである。
- 「敬語」の語法上の使い方だけにとらわれるのではなく，コミュニケーションとして，その場に即し，相手に合った言葉遣いをしているかどうかを考えることが大切である。

【156ページ】
- 「尊敬語」「謙譲語」といった「敬語」の分類，用語については現代にあった分類，名称を考えた直したほうがよい。
- 「敬語」は「場面」に応じて用いられるものだという考え方については，早い段階で学習者に理解させる必要がある。

【158ページ】
- 文体（レベル）の違いについて注意を払う必要がある。そのレベルの持つ意味，与える印象などについても教育が必要である。

【160ページ】
- 「丁寧」の意味を考える必要がある。
- 相手に配慮することだけが「丁寧さ」ではない。自分が表現したいことを相手に伝えるために「敬語表現」が必要になるのである。

【164ページ】
- 「失礼」は相手を認めないこと。「失礼」でないことが「丁寧」であるとも言える。
- 「ぞんざい」ではないことも「丁寧」の一つの意味である。

【165 ページ】
・母語話者が自分自身の「敬語表現」をどうすべきかは，自分自身で決定し，自分の言葉を磨く努力をしていかなければならないものである。

【170 ページ】
・「敬語表現教育」を避けて通ることはできない。
・「敬語表現」の持つ意味，与える印象を十分理解させた上で，どのように使うかは学習者の判断に任せる。
・「規範」を教えるのではなく，「おすすめ表現」を練習させる。
・「相手」や「場」を判断し，それに合わせた使い分けができることが目標となる。

【172 ページ】
・初級段階では，無理に「敬語」を用いて表現させる必要はない。
・使いやすい「直接尊重語」から練習させるのがよい。

【176 ページ】
・「形」の練習ではなく，「場面」において「意図」を持った表現練習にすることが大切である。
・「機能会話」の練習は，初級から上級まで必要になる。実際に一連の流れとして言えるところまで練習することが大切である。
・「文体」の違いに関する指導をすることも重要な課題である。

索　引

──── あ行 ────

挨拶　151
相手　9, 16, 29
相手尊重語　27
相手レベル　16, 30
相手レベル・0　17
相手レベル・＋1　17
相手レベル・－1　17
あたかも許可求め表現　40
あたかも表現　60, 74
アドバイス　118
アドバイス表現　39
あなた　53
改まり　21
改まり度　21
Ｅメール　42
言いさし　30
意識化　116
いただく　26
一対一　114
一対多　113
意図　10, 13, 22
依頼表現　22, 23, 35
慇懃無礼　150
インタビュー　30
インタビュー調査　130
インプット　115
伺う　25
ウチ　18
ウチソト関係　58
オーセンティック　110
おすすめ表現　168
恩恵関係　52

恩恵間接尊重語　27
恩恵直接尊重語　27
御社　25
音声コミュニケーション　11
音声コミュニケーション主体　8
音声表現主体　8
音声理解主体　8

──── か行 ────

ガイダンス　64
会話展開の枠　84
会話の観察　82
会話例の観察　88
硬い語感　110
かたち　35
語る表現　120
間接尊重語　27
企業訪問　102
記者会見　31
気づき　69
機能会話　174
きもち　35
競技の結果　94
許可与え表現　40
許可求め表現　40
禁止表現　40, 62
近接空間　49
くだけ　21
くださる　24
クッション表現　76
クッション用語　76
クラス・パーティー　129
敬意表現　48

敬語　3,24
敬語教育　5
敬語コミュニケーション　6,32,33
敬語表現　3,5
敬語表現教育　5,12,29
敬語表現の偏差　107
決定権　34
言語主体　8
言材　14
謙譲語　25,154
ご挨拶　31
講演会　96
行動　34
行動展開表現　34
口頭発表　32
誤解　143
国語科　50
国語審議会　48
ご説明いたす　26
コトバレベル　16,19,156
コトバレベル・0　157
コトバレベル・−1　157
断り表現　40
5分類　155
コミュニケーション活動型授業　43
コミュニケーション形態　14
コミュニケーション行為　15
コミュニケーション主体　8,13
コミュニケーション能力　48
誤用の気づき　88
コンビニ敬語　53

—— さ行 ——

在住外国人　47
誘い表現　37
3分類　154

司会　96,110
時間概念　49
自己紹介　30
自己卑下語　27
自己表出表現　34
事情説明　36
施設利用　100
自然　109,110
視線接触　49
失礼　161,162
自分　9,16,29
就職面接試験　103
受給動詞　120
受給表現　121
授受表現　69
主体　13
出席ゲーム　124
ジョイント・ベンチャー　48
上級　172
上下意識　144
上下関係　17,52,58
賞賛　93
情報の交換　85
情報の収集　85
情報の伝達　85
初級　108,171
初級段階　135
親疎関係　17,52
身体動作　49
スキット会話　118
スキット会話練習　123
勧め　39
スピーチ　31
精緻化　109,111,115,118
接客表現リスニング　66
宣言表現　38

想定場面練習　84,100
ソト　18
尊敬語　24,146
尊敬語ゲーム　127
ぞんざい　161,163
尊重　27,149
尊重丁重語　27

―― た行 ――

待遇意図　13
待遇行動　14,30,83,103,104
待遇コミュニケーション　6
待遇表現　3,5,47,48,148,151
待遇表現教育　47,50
待遇理解　6
題材　14
体物表現　49
正しくない敬語　53
正しさ　147
タメ口　157
チャンピオンのスピーチ　113
中級　172
調査報告発表会　132
直接尊重語　27,172
使い分け　169
つまらないものですが　63
〜てあげる　61,121
丁重語　21,27,109
丁重語ゲーム　127
丁重文体語　28
丁寧　155,158
丁寧語　26
丁寧さ　159
丁寧さの原理　34
丁寧体　158
丁寧なインフォーマル　173

丁寧文体語　27
手紙　42
〜てくれる　121
です・ます　52
〜てもらう　121
電話　41,92
当然性　13,36,37
導入時期　55
討論会　33
トーク番組　32

―― な行 ――

〜ないでください　62
内容　14
なかみ　35
日本言語文化　64
人間関係　5,9,13,15
ネット・カンファレンス　90

―― は行 ――

場　5,9,13,21
媒材　11,14
媒体　14,41
配慮　59
配慮表現　59,62,68
発表会　33
話し合い　33
場面　9,13
場面依存度　83
場面依存度の高い表現　91
パラ言語　49,50,68
場レベル　31
場レベル・0　21
場レベル・+1　21
場レベル・−1　21
美化語　28

非言語コミュニケーション　49
ビジネス経験　106
ビジネスコミュニケーション　89
ビジネス社会　80
ビジネス日本語　71
ビジネスパーソン　47,65,78
ビジネス場面　79,81,82,85
非母語話者　166
表現　109
表現意図　10,174
表現形式　37
表現形態　14
表現指導　109
表現主体　8
表現のための教育　120
ファミレス敬語　53
普通体　158
プレゼンテーション　94
プロジェクトワーク　43,128
文体　175
文脈化　109,110,121,123,126
文話　11,14,23
弊社　26
報道発表　97
母語話者　164

――― ま行 ―――

まいる　25

見舞い　93
メモ書き　42
面会依頼　105
面接　31
申し出表現　38
文字コミュニケーション　11
文字コミュニケーション主体　8
文字表現主体　8
文字理解主体　8
モノローグ　58,71

――― や行 ―――

やりもらい表現　55,60

――― ら行 ―――

利益　34,41
理解意図　10
理解主体　8
理解要請表現　34,46
留学生　47
礼　163
ロールカード　70
ロールプレイ　118,120,123

――― わ行 ―――

話題の人物　9,13,16,18
話題の人物レベル　17

［著者略歴］

蒲谷　宏（かばや　ひろし）
早稲田大学大学院文学研究科博士課程修了。
早稲田大学大学院教授。

川口義一（かわぐち　よしかず）
早稲田大学大学院文学研究科博士課程修了。
早稲田大学大学院教授。

坂本　恵（さかもと　めぐみ）
早稲田大学大学院文学研究科博士課程修了。
東京外国語大学教授。

清　ルミ（せい　るみ）
名古屋大学大学院国際言語文化研究科博士課程修了。
常葉学園大学・大学院教授。

内海美也子（うつみ　みやこ）
津田塾大学学芸学部国際関係学科卒業。
社団法人国際日本語普及協会所属教師。

敬語表現教育の方法
ⓒ KABAYA Hiroshi, KAWAGUCHI Yoshikazu, SAKAMOTO Megumi,
　SEI Rumi, UTSUMI Miyako　2006　　　　　　NDC810 ix,196p 21cm

初版第1刷────2006年7月10日

著者────蒲谷宏／川口義一／坂本恵／清ルミ／内海美也子
発行者────鈴木一行
発行所────株式会社　大修館書店
　　　　〒101-8466　東京都千代田区神田錦町 3-24
　　　　電話 03-3295-6231 販売部　03-3294-2352 編集部
　　　　振替 00190-7-40504
　　　　［出版情報］http://www.taishukan.co.jp

装丁者────杉原瑞枝
印刷所────壮光舎印刷
製本所────関山製本社

ISBN4-469-22183-X　Printed in Japan

Ⓡ本書の全部または一部を無断で複写複製（コピー）することは、
著作権法上での例外を除き禁じられています。

書名	著者	判型・頁	本体価格
敬語表現	蒲谷 宏・川口義一・坂本 恵 著	四六判 250頁	本体 2,200円
新版 日本語教育事典	日本語教育学会 編 水谷 修 ほか編集	A5判 1,178頁	本体 9,000円
日本語教育ハンドブック	日本語教育学会 編 林 大 編集代表	A5判 640頁	本体 5,000円
日本語テストハンドブック	日本語教育学会 編 林 大 編集代表	A5判 464頁	本体 4,175円
日本語教育の理論と実際 ―学習支援システムの開発―	田中 望・斎藤里美 著	A5判 250頁	本体 1,600円
日本語教育の方法 ―コース・デザインの実際―	田中 望 著	A5判 240頁	本体 1,400円
改訂新版 日本語教授法	石田敏子 著	A5判 320頁	本体 2,300円
入門日本語テスト法	石田敏子 著	A5判 242頁	本体 1,600円
日本語教育の教室から ―外国人と見た日本事情―	佐々木瑞枝 著	四六判 250頁	本体 1,602円
問題な日本語 ―どこがおかしい？何がおかしい？―	北原保雄 編	四六判 168頁	本体 800円
続弾！問題な日本語 ―何が気になる？どうして気になる？―	北原保雄 編	四六判 178頁	本体 800円

大修館書店　　　　定価＝本体＋税5％（2006年5月現在）